Gabriel García Márquez

Crónica de una muerte anunciada

con una introducción
y ejercicios
por Abby Kanter

Crónica de una muerte anunciada

Longman, 10 Bank Street, White Plains, NY 10606

The novel, *Crónica de una muerte anunciada*, is reprinted with permission,
© Gabriel García Márquez, 1981.

Executive Editor: Lyn McLean
Production Editor: Christine Cervoni
Text design: Curt Belshe
Cover design: Curt Belshe
Composition: Kim Teixeira

ISBN: 0-8013-1589-1

7 8 9 10 VHG 03 02 01

CRÓNICA DE UNA MUERTE ANUNCIADA

Acknowledgments

This edition of *Crónica de una muerte anunciada* is the result of the desire to share with my own students the work of a much beloved author, Gabriel García Márquez. I am extremely grateful to Mr. García Márquez for his permission to reprint the novel. This volume owes much to the support of dear friends and colleagues. I would like to express my gratitude to Barbara Meyer, for her delight in nurturing intellectual and professional growth in those around her; to Iris and Vincent Jiménez for their enthusiasm and invaluable advice; to Barbara Catalano for countless hours of gracious help; to Jean and Arnie Friedman for their optimism and encouragement; and to Lyn McLean of Longman, who believed in the project and did so much to make it a reality. I would also like to thank my Language Department colleagues at the Dwight-Englewood School for creating a work environment that is so productive and nurturing.

Abby Kanter

CONTENIDO

Gabriel García Márquez: Nota biográfica

> «...nunca, en ninguna circunstancia, he olvidado que
> en la verdad de mi alma no soy nadie más ni seré
> nadie más que uno de los dieciséis hijos del
> telegrafista de Aracataca.»
>
> Gabriel García Márquez, citado en
> *El olor de la guayaba*, p. 22

Gabriel García Márquez nació en Aracataca, Colombia, el 6 de marzo de 1927 o de 1928. Con respecto al año de su nacimiento existen diferentes versiones, como las que se encuentran en *Crónica de una muerte anunciada* sobre qué tiempo hacía el día fatal. En la vida como en el arte, es difícil señalar una verdad absoluta.

Rasgos de Aracataca, un pueblo pequeño de la costa caribeña, aparecen en Macondo, escenario de *Cien años de soledad, de Crónica,* de *La hojarasca,* y de varios cuentos. El padre del autor, Eligio García, el telegrafista del pueblo, era hijo de una familia humilde; mientras la madre, Luisa Santiaga Márquez Iguarán, era de una familia ilustre. La abuela materna, Tranquilina Iguarán Cotes, era de raíces aristócratas, y el abuelo, el coronel Nicolás Márquez Iguarán, había luchado valerosamente por el partido liberal en la guerra civil de 1900. Los padres de Luisa Santiaga se opusieron a su matrimonio con Eligio García por sus raíces humildes y por su posición política conservadora. Por eso Tranquilina Iguarán llevó a su hija a un largo viaje para separarla del novio. Pero los telegramas de éste la siguieron por todas partes y por fin su amor triunfó y se casaron.[1] Este amor, superviviente de obstáculos, muchos años después le serviría a García Márquez como punto de partida de su novela *El amor en los tiempos del cólera.*

Al nacer Gabriel García Márquez, sus padres lo dejaron en manos de los abuelos, hecho importantísimo en su vida y en su desarrollo como escritor. En una entrevista con su amigo Plinio Apuleyo Mendoza, García Márquez respondió a una pregunta sobre quiénes habían sido útiles en su formación literaria:

---

[1] Apuleyo Mendoza, Plinio. *El olor de la guayaba,* 1982, Editorial La Oveja Negra, p. 8.

«En primer término, mi abuela. Me contaba las cosas más atroces sin conmoverse como si fuera una cosa que acabara de ver. Descubrí que esa manera imperturbable y esa riqueza de imágenes era lo que más contribuía a la verosimilitud de sus historias. Usando el mismo método de mi abuela escribí *Cien años de soledad*.»[2]

Cuando García Márquez tenía ocho años, se le murió el abuelo, la persona, según el autor, «con quien mejor me he entendido.»[3] Ciertas características y sucesos asociados con el coronel Márquez aparecen en varios personajes marquesianos, inclusive José Arcadio Buendía y el coronel que «no tiene quién le escriba.»

A la edad de trece años García Márquez recibió una beca para estudiar en el Liceo Zipaquirá en las afueras de Bogotá. Acostumbrado al bullicio y a la fuerza vital de la costa, al joven García Márquez le pareció «una ciudad remota y lúgubre»[4] donde todos los hombres estaban vestidos «con trajes negros y sombreros, y que, en cambio, no veía a ninguna mujer.» García Márquez se escapó de la inclemencia de Zipaquirá refugiándose en la lectura. Acaso fue allí donde llegó a ser más conocedor de la soledad, uno de los temas mayores de sus obras.

En 1947, mientras estudiaba para abogado (carrera que después abandonó), ocurrieron dos acontecimientos importantes en la vida de García Márquez: publicó su primer cuento, *La tercera resignación*, y leyó *La metamorfosis* de Kafka. Al leer la primera línea, en la cual se presenta, con un tono tranquilo y natural, la transformación del protagonista en un enorme insecto, García Márquez reaccionó con gran emoción. «Coño, pensé, así hablaba mi abuela.»[5] En este momento el joven autor se dio cuenta de que el estilo cotidiano en el que su abuela le «contaba las cosas más atroces» se podía aplicar también a la literatura.

En 1948 García Márquez empezó su carrera de periodista, interés que mantiene hasta hoy día además de sus vocaciones por la literatura y la cinematografía.

El matrimonio, en 1958, entre Gabriel García Márquez y Mercedes Barcha resulta de un amor nacido cuando él era muy joven. Este amor temprano se ve retratado en *Crónica de una muerte anunciada* en uno de los momentos autobiográficos de la novela.

Gabriel García Márquez ganó el premio Nóbel en 1982.

---

[2] Apuleyo Mendoza, Plinio. p. 30.
[3] Apuleyo Mendoza, Plinio. p. 16.
[4] Apuleyo Mendoza, Plinio. p. 41.
[5] Apuleyo Mendoza, Plinio. p. 52.

Gabriel García Márquez: Los temas y la obra

El mundo que Gabriel García Márquez crea en sus obras está caracterizado por una combinación de lo mágico y lo real que se conoce con el nombre de «realismo mágico.» El autor llena este mundo de fantasmas y de sucesos milagrosos; de absurdidad y de coincidencias; de lo gracioso y de lo grotesco. Todo llega a ser bien creíble por la manera tan natural en que se presenta. Los personajes son ilógicos pero entrañables, gobernados a menudo por sus pasiones y por una perversidad cómica muy humana. García Márquez nos invita a entrar en su mundo, y paso a paso nos vamos dando cuenta de que es el nuestro y que los personajes somos nosotros mismos. Él es nuestro autor (tal como Ángela Vicario le responde a su inquisidor en *Crónica de una muerte anunciada* cuando éste le pregunta sobre su relación con Santiago Nasar). Lo milagroso es que García Márquez nos muestra a nosotros tales como somos, con toda nuestra absurdidad humana, y no obstante nos acepta, nos respeta, y nos quiere. Así el autor también nos alienta a que nos aceptemos, nos respetemos, y nos queramos.

Esto no quiere decir que García Márquez lo acepte todo sin criticar. Particularmente enfoca su crítica en la avaricia y la explotación (como se ve en *Cien años de soledad* y en el cuento *Los funerales de la Mamá Grande*) y en la hipocresía de la sociedad, como veremos en *Crónica*. En *Crónica*, García Márquez nos presenta el código tradicional del honor, del machismo y de la moralidad impuesto por la sociedad. El autor contrasta este código con el amor, la pasión y los impulsos naturales y humanos que nos vinculan uno a otro. Aunque García Márquez nos muestra lo grotesco y lo cruel, el mayor impulso es positivo porque, como él mismo nos dice: «La vida es la mejor cosa que se ha inventado.»

Junto a este positivismo, «la inmensa compasión del autor por todas sus pobres criaturas» (*El olor de la guayaba*, p. 80) forma el corazón temático de la obra de García Márquez. El punto de contraste de la compasión y aceptación del ser humano es la soledad: la soledad de Prudencio Aguilar y Melquíades en *Cien años*, que volvieron para escaparse de la soledad de la muerte; la soledad de varios otros personajes de la misma novela, aislados por la «incapacidad para el amor» (OG, p. 116); la soledad del Coronel que «no tiene nadie quien le escriba»; y la de Clotilde Armenta en *Crónica* en sus esfuerzos para salvarle la vida a Santiago Nasar («Ese día me di cuenta...de lo solas que estamos las mujeres en la vida», *Crónica*, p. 62).

Lo maravilloso o lo mágico de la obra de García Márquez no se debe ver como un abandono total de la realidad, sino como una visión de la realidad latinoamericana, una realidad fantástica y llena de posibilidades. Como dice el autor: «Yo creo que el Caribe me enseñó a ver la realidad de otra manera, a aceptar los elementos sobrenaturales como algo que forma parte de nuestra vida cotidiana. El Caribe es un mundo distinto cuya primera obra de literatura mágica es el *Diario de Cristóbal Colón*, libro que habla de plantas fabulosas y de mundos mitológicos» (OG, p. 55). Al abrir la mente a lo maravilloso, el lector, mientras no se aleja totalmente de la realidad, llega a descubrir la magia a su rededor. Es una visión a veces absurda y cómica de la realidad; una visión que, de una manera sutil, trae consigo cierto consuelo.

Aunque vemos rasgos del realismo mágico en *Crónica* (como en el olor a Santiago Nasar que se percibe en todo el pueblo), ejemplos más claros del género se encuentran en *Cien años de soledad* y en varios cuentos.

Crónica de una muerte anunciada representa una mezcla de ficción y periodismo. Se basa en la investigación, realizada por García Márquez, de un asesinato por «honor» que ocurrió en su pueblo durante su juventud. Por medio de entrevistas, él ha reconstruido el acontecimiento con una multiplicidad de perspectivas muy hispánica, y con las inconsistencias y falta de certidumbre típicas de la realidad. Desde esta perspectiva diversa el autor nos invita a examinar la relación entre la ficción y la realidad. La «crónica» del título se define como «texto histórico en el que se van recogiendo los hechos según sucedieron cronológicamente.» El título contiene un elemento irónico pues los sucesos no se presentan siempre en orden cronológico sino en el orden en el que se recobran de las memorias de los personajes.[1] Además, se cuestiona la idea de un «texto histórico» de una veracidad indudable. Hay una falta de acuerdo o de claridad sobre varios puntos, como la culpabilidad de Santiago Nasar, el misterio del carácter de Bayardo San Román, y aun si el día fatal era radiante o lluvioso. La falta de una realidad absoluta es uno de los aspectos más reales de la crónica. Sólo tenemos que pensar en los recientes cambios de perspectiva histórica

---

[1] Una exposición extensa de esta idea se encuentra en *El mundo satírico de Gabriel García Márquez*, Isabel Rodríguez-Vergara, Editorial Pliegos, 1991.

sobre tales figuras como Cristóbal Colón y J. Edgar Hoover para ver el realismo de las perspectivas de *Crónica*.

Crónica es una novela corta y perfecta; no hay ni una palabra innecesaria. Vale la pena leerla con gran cuidado y atención para no perderse un solo detalle. Muchas veces García Márquez nos presenta un personaje con una sola frase descriptiva que capta su personalidad de una manera graciosa y con más profundidad de la que se pudiera lograr en diez páginas de descripciones. La novela merece ser saboreada palabra por palabra.

El retrato de Ángela Vicario en *Crónica de una muerte anunciada* es un homenaje cariñoso a la absurdidad del carácter humano y a la capacidad del espíritu para desarrollarse. En *Crónica,* y en la obra de García Márquez por lo general, la vida se presenta de una manera tragicómica, nunca sin humor y casi nunca sin optimismo. La compasión del autor por sus personajes, con todos sus defectos e irracionalidades es uno de los atributos que lo han hecho uno de los escritores más leídos y amados de nuestro tiempo.

Guía preliminar

1. Ironía y sátira

Una crónica es un relato histórico, verídico y cronológico. Mientras leas *Crónica de una muerte anunciada*, piensa en la ironía del título. ¿Qué comentarios se hacen sobre la relación entre la ficción y la supuesta realidad de una crónica?

En *Crónica de una muerte anunciada* se encuentran elementos de sátira de la novela policiaca. Normalmente este género se enfoca hacia la revelación del culpable. En *Crónica* parece que sabemos desde el principio quiénes son los culpables. Pero no es tan obvio como parece. ¿Quiénes son los verdaderos culpables de la muerte de Santiago Nasar?

Los códigos del honor y del machismo también son objetos dignos de la sátira. Es una sátira que se presenta casi siempre con una ironía cómica pero que encierra en el centro una crítica social bien seria.[1]

2. El tiempo

Algunas novelas cuentan los acontecimientos de una manera cronológica, comenzando con el más temprano hasta el último. En otras obras el autor salta por acá y allá en el tiempo, utilizando una visión retrospectiva («flashbacks»), o revelando los sucesos en un orden no necesariamente cronológico. *Crónica* pertenece a esta segunda clasificación. Se puede ver la acción de la novela por medio del siguiente esquema temporal.

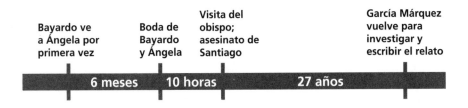

El autor te ha dado una clave para orientarte en el tiempo, un signo para que no te confundas. Esta clave está representada por un sonido

---

[1] Una exposición excelente de la sátira en *Crónica* se encuentra en *El mundo satírico de Gabriel García Márquez*, Isabel Rodríguez-Vergara, Editorial Pliegos, 1991.

repetido que sirve para llevarnos de nuevo a la mañana de la muerte de Santiago Nasar, la mañana de la llegada del barco del obispo. Lee con atención. ¿Cuál es la clave?

3. Punto de vista

Advierte la inconsistencia entre los personajes de la novela respecto a varios detalles del relato. Fíjate también en los distintos puntos de vista que se ofrecen. ¿Es posible siempre señalar una realidad o una verdad? Recuerda que admitir varias realidades es un tema hispano que tiene sus raíces en clásicos como *La vida es sueño* y *Don Quijote*.

4. Narración

Piensa en la forma de narrar de otras novelas que hayas leído. ¿Cuáles son los efectos de la narración en primera persona comparados con los de tercera persona? ¿Cuáles son los efectos del narrador omnisciente comparado con el que no lo sabe todo? ¿Qué clase de narración tenemos en *Crónica*? ¿Cuál es el efecto de la narración sobre las inconsistencias ya mencionadas?

5. «Minimalismo»

García Márquez es un genio del arte de comunicar mucho en pocas palabras. Nos da imágenes físicas y emocionales muy claras pero hay que leer con cuidado, abriendo la mente a las escenas que pinta el autor. El vivir en la edad del video nos ha quitado la costumbre de formar imágenes mentales y así perdemos parte del placer de la lectura. Afortunadamente es posible recuperar esta capacidad.

Capítulo 1

PERSONAJES

Santiago Nasar hombre joven

El obispo oficial de la Iglesia

Plácida Linero madre de Santiago Nasar

María Alejandrina Cervantes dueña del burdel

Victoria Guzmán cocinera en la casa de Santiago Nasar

Divina Flor hija de Victoria Guzmán

Ibrahim Nasar padre de Santiago Nasar

El juez instructor autoridad legal que llega para investigar el asesinato de Santiago y escribir un sumario

Clotilde Armenta dueña de la tienda de leche

Pedro y Pablo Vicario gemelos que buscan a Santiago

Margot hermana de García Márquez

Cristo Bedoya amigo de Santiago y de García Márquez

Flora Miguel novia de Santiago

Lázaro Aponte alcalde y jefe de policía

El padre Carmen Amador cura (párroco) del pueblo

Luisa Santiaga madre de García Márquez

Ángela Vicario hermana de los gemelos, Pedro y Pablo

Pura Vicario madre de Ángela, Pablo y Pedro

Jaime hermano menor de García Márquez

VOCABULARIO 1

ajeno de otra persona

alboroto gran ruido

asustado espantado, alarmado

augurio presagio, indicio o señal que predice el futuro

borracho se aplica a una persona que ha bebido en exceso

bramido ruido muy fuerte; voz de una bestia salvaje

confundir no hacer la distinción entre dos cosas

entrañas órganos que están en el interior del cuerpo, vísceras

hacerle caso prestarle atención

parranda fiesta muy viva

pesar, a pesar de *in spite of*

presagio augurio, indicio o señal que predice el futuro

prevenir avisar, informar a alguien de un peligro o daño;
impedir o evitar, hacerlo imposible que pase una cosa

rabia enojo, ira, furia

recuerdo memoria

sabio inteligente de una manera profunda

tropezar (ie) encontrar un obstáculo *(to trip over)*

vínculo lo que une una cosa a otra

ANTES DE LEER

A. Vocabulario

Completa la frase con una de las palabras de la lista de vocabulario.

1. En el pueblo pequeño donde ocurre el asesinato, todo el mundo sabe lo que pasa no sólo en sus propias casas, sino en las casas _____ también.

2. Cuando García Márquez entró en la casa de Plácida Linero, ésta no lo percibió claramente y lo _____ con el recuerdo de su hijo.

3. Plácida Linero utiliza los sueños como _____ para predecir el futuro.

4. A Santiago Nasar no le gusta mirar a la cocinera, Victoria Guzmán, mientras ésta les saca las _____ a los conejos.

5. Divina Flor es una joven inocente. Por eso está muy _____ cuando Santiago Nasar trata de agarrarla.

6. Clotilde Armenta trata de _____ el asesinato de Santiago Nasar.

7. Aunque Pedro y Pablo han tomado mucho alcohol, no parecen estar _____.

8. García Márquez y su familia son amigos de la familia de Santiago Nasar y son parientes de la familia Vicario. Así que tienen un _____ con las dos familias.

9. Rumbo a la casa de Santiago, Luisa Santiaga encuentra mucha gente y mucho ruido en la calle. Hay un gran _____ en la calle.

10. A _____ de correr muy rápido, Luisa Santiaga no llegó a tiempo.

B. Expresión personal

1. ¿Crees en augurios o presagios? ¿Sabes de un caso en que un augurio se haya realizado?
2. ¿Quién es la persona más sabia que conoces?
3. ¿Qué acontecimiento te provocó más rabia? ¿Qué has hecho que les haya provocado rabia a tus padres o a otra persona?
4. ¿Serías capaz de enamorarte de alguien a pesar de su apariencia poco atractiva?

5. Describe un incidente que haya causado un gran alboroto en tu casa o en la escuela.

6. ¿Cuál es el recuerdo más bello de tu niñez?

7. ¿Les haces caso a tus padres cuando te dan consejos?

La caza de amor es
de altanería.
                    Gil Vicente

Capítulo 1

El día en que lo iban a matar, Santiago Nasar se levantó a las 5.30 de la mañana para esperar el buque[1] en que llegaba el obispo.[2] Había soñado que atravesaba[3] un bosque de higuerones[4] donde caía una llovizna tierna, y por un instante fue feliz en el sueño, pero al despertar se sintió por completo salpicado[5] de cagada[6] de pájaros. «Siempre soñaba con árboles», me dijo Plácida Linero, su madre, evocando 27 años después los pormenores[7] de aquel lunes ingrato.[8] «La semana anterior había soñado que iba solo en un avión de papel de estaño[9] que volaba sin tropezar por entre los almendros»,[10] me dijo. Tenía una reputación muy bien ganada de intérprete certera[11] de los sueños ajenos, siempre que se los contaran en ayunas,[12] pero no había advertido[13] ningún augurio aciago[14] en esos dos sueños de su hijo, ni en los otros sueños con árboles que él le había contado en las mañanas que precedieron a su muerte.

Tampoco Santiago Nasar reconoció el presagio. Había dormido poco y mal, sin quitarse la ropa, y despertó con dolor de cabeza y con un sedimento de estribo de cobre[15] en el paladar, y los interpretó como estragos[16] naturales de la parranda de bodas que se había prolongado hasta después de la media noche. Más aún: las muchas personas que encontró desde que salió de su

---

1 buque: barco
2 obispo: oficial de la iglesia
3 atravesaba: pasaba de un lado a otro
4 higuerones: árboles que se usan para madera
5 salpicado: *splattered*
6 cagada: palabra vulgar para mierda, excremento
7 pormenores: detalles
8 ingrato: desagradable
9 papel de estaño: *tin foil*
10 almendros: árboles que producen almendras (*almonds*)
11 certera: cierta, segura, que no puede fallar
12 en ayunas: sin haber comido
13 advertido: observado
14 aciago: de mal augurio
15 estribo de cobre: *copper stirrup*
16 estragos: daños

casa a las 6.05 hasta que fue destazado[1] como un cerdo una hora después, lo recordaban un poco soñoliento[2] pero de buen humor, y a todos les comentó de un modo casual que era un día muy hermoso. Nadie estaba seguro de si se refería al estado del tiem-po. Muchos coincidían en el recuerdo de que era una mañana radiante con una brisa de mar que llegaba a través de los pla-tanales,[3] como era de pensar que lo fuera en un buen febrero de aquella época. Pero la mayoría estaba de acuerdo en que era un tiempo fúnebre, con un cielo turbio[4] y bajo y un denso olor de aguas dormidas, y que en el instante de la desgracia estaba cayen-do una llovizna menuda[5] como la que había visto Santiago Nasar en el bosque del sueño. Yo estaba reponiéndome[6] de la parranda de la boda en el regazo[7] apostólico[8] de María Alejandrina Cervantes, y apenas si desperté con el alboroto de las campanas tocando a rebato,[9] porque pensé que las habían soltado en honor del obispo.

     Santiago Nasar se puso un pantalón y una camisa de lino blanco, ambas piezas sin almidón,[10] iguales a las que se había puesto el día anterior para la boda. Era un atuendo de ocasión.[11] De no haber sido por la llegada del obispo se habría puesto el vestido de caqui y las botas de montar con que se iba los lunes a *El Divino Rostro*, la hacienda de ganado que heredó de su padre, y que él administraba con muy buen juicio aunque sin mucha for-tuna. En el monte llevaba al cinto una 357 Magnum, cuyas balas blindadas,[12] según él decía, podían partir un caballo por la cintu-ra. En época de perdices[13] llevaba también sus aperos de ce-trería.[14] En el armario tenía además un rifle 30.06 Mannlicher-Schönauer, un rifle 300 Holland Magnum, un 22 Hornet con mira telescópica de dos poderes, y una Winchester de repetición. Siempre dormía como durmió su padre, con el arma escondida

---

1 destazado: cortado, hecho pedazos
2 soñoliento: que tiene sueño
3 platanales: plantaciones de bananos
4 turbio: nublado
5 menuda: ligera, no muy pesada
6 reponiéndome: sintiéndome mejor (después de una enfermedad)
7 regazo: la parte del cuerpo humano situada entre la cintura y las rodillas cuando la persona está sentada *(lap)*
8 apostólico: relativo a los apóstoles o

discípulos de Jesucristo, o, por lo general, misionero
9 campanas tocando a rebato: *bells sounding the alarm*
10 almidón: lo que se añade a la ropa al lavarla, para hacerla más rígida
11 atuendo de ocasión: ropa para ocasiones especiales
12 balas blindadas: *iron coated bullets*
13 perdices: *partridges*
14 aperos de cetrería: *falconry tools*

dentro de la funda[1] de la almohada, pero antes de abandonar la casa aquel día le sacó los proyectiles[2] y la puso en la gaveta[3] de la mesa de noche. «Nunca la dejaba cargada»,[4] me dijo su madre. Yo lo sabía, y sabía además que guardaba las armas en un lugar y escondía la munición en otro lugar muy apartado,[5] de modo que nadie cediera[6] ni por casualidad[7] a la tentación de cargarlas[8] dentro de la casa. Era una costumbre sabia impuesta por su padre desde una mañana en que una sirvienta sacudió la almohada para quitarle la funda, y la pistola se disparó[9] al chocar contra el suelo, y la bala desbarató[10] el armario del cuarto, atravesó la pared de la sala, pasó con un estruendo[11] de guerra por el comedor de la casa vecina y convirtió en polvo de yeso[12] a un santo de tamaño natural[13] en el altar mayor de la iglesia, al otro extremo de la plaza. Santiago Nasar, que entonces era muy niño, no olvidó nunca la lección de aquel percance.[14]

La última imagen que su madre tenía de él era la de su paso fugaz[15] por el dormitorio. La había despertado cuando trataba de encontrar a tientas[16] una aspirina en el botiquín del baño, y ella encendió la luz y lo vio aparecer en la puerta con el vaso de agua en la mano, como había de recordarlo para siempre. Santiago Nasar le contó entonces el sueño, pero ella no les puso atención a los árboles.

—Todos los sueños con pájaros son de buena salud —dijo.

Lo vio desde la misma hamaca y en la misma posición en que la encontré postrada por las últimas luces de la vejez, cuando volví a este pueblo olvidado tratando de recomponer con tantas astillas[17] dispersas el espejo roto de la memoria. Apenas si distinguía las formas a plena luz, y tenía hojas medicinales en las

---

1 funda: lo que cubre la almohada
2 proyectiles: balas *(bullets)*
3 gaveta: *drawer*
4 cargada: con balas
5 apartado: separado
6 cediera: se rindiera *(give in, yield)*
7 casualidad: accidente
8 cargar: meter las balas
9 disparó: *fired (a gun)*
10 desbarató: destruyó, deshizo
11 estruendo: gran ruido
12 polvo de yeso: *plaster dust*

13 tamaño natural: representación artística que es tan grande como el objeto real que representa
14 percance: apuro, problema
15 fugaz: rápido
16 a tientas: guiándose con las manos en vez de los ojos
17 astillas: pedazos rotos

sienes[1] para el dolor de cabeza eterno que le dejó su hijo la última vez que pasó por el dormitorio. Estaba de costado,[2] agarrada a las pitas[3] del cabezal[4] de la hamaca para tratar de incorporarse,[5] y había en la penumbra[6] el olor de bautisterio que me había sorprendido la mañana del crimen.

Apenas aparecí en el vano de la puerta me confundió con el recuerdo de Santiago Nasar. «Ahí estaba», me dijo. «Tenía el vestido de lino blanco lavado con agua sola, porque era de piel tan delicada que no soportaba el ruido del almidón.» Estuvo un largo rato sentada en la hamaca, masticando[7] pepas[8] de cardamina, hasta que se le pasó la ilusión de que el hijo había vuelto. Entonces suspiró: «Fue el hombre de mi vida.»

Yo lo vi en su memoria. Había cumplido 21 años la última semana de enero, y era esbelto[9] y pálido, y tenía los párpados[10] árabes y los cabellos rizados[11] de su padre. Era el hijo único de un matrimonio de conveniencia que no tuvo un solo instante de felicidad, pero él parecía feliz con su padre hasta que éste murió de repente, tres años antes, y siguió pareciéndolo con la madre solitaria hasta el lunes de su muerte. De ella heredó[12] el instinto. De su padre aprendió desde muy niño el dominio de las armas de fuego, el amor por los caballos y la maestranza de las aves de presas altas, pero de él aprendió también las buenas artes del valor y la prudencia. Hablaban en árabe entre ellos, pero no delante de Plácida Linero para que no se sintiera excluida. Nunca se les vio armados en el pueblo, y la única vez que trajeron sus halcones[13] amaestrados[14] fue para hacer una demostración de altanería en un bazar de caridad. La muerte de su padre lo había forzado a abandonar los estudios al término de la escuela secundaria, para hacerse cargo[15] de la hacienda familiar. Por sus méritos propios, Santiago Nasar era alegre y pacífico, y de corazón fácil.[16]

---

1 sienes: las partes a los dos lados de la cabeza, cercanas a la frente
2 costado: lado
3 pitas: cuerdas
4 cabezal: la parte de enfrente
5 incorporarse: levantarse hasta estar sentado
6 penumbra: entre la luz y la sombra
7 masticando: *chewing*
8 pepas: semillas
9 esbelto: delgado

10 párpados: la membrana que se abre y se cierra para cubrir y proteger el ojo
11 rizados: *curly*
12 heredó: recibió como herencia
13 halcones: *falcons*
14 amaestrados: domados *(tamed)*
15 hacerse cargo: apoderarse, tomar el control
16 de corazón fácil: bueno, bondadoso

El día en que lo iban a matar, su madre creyó que él se había equivocado de fecha cuando lo vio vestido de blanco. «Le recordé que era lunes», me dijo. Pero él le explicó que se había vestido de pontifical[1] por si tenía ocasión de besarle el anillo al obispo. Ella no dio ninguna muestra de interés.

—Ni siquiera se bajará del buque —le dijo—. Echará una bendición de compromiso,[2] como siempre, y se irá por donde vino. Odia a este pueblo.

Santiago Nasar sabía que era cierto, pero los fastos[3] de la iglesia le causaban una fascinación irresistible. «Es como el cine», me había dicho alguna vez. A su madre, en cambio, lo único que le interesaba de la llegada del obispo era que el hijo no se fuera a mojar en la lluvia, pues lo había oído estornudar[4] mientras dormía. Le aconsejó que llevara un paraguas, pero él le hizo un signo de adiós con la mano y salió del cuarto. Fue la última vez que lo vio.

Victoria Guzmán, la cocinera, estaba segura de que no había llovido aquel día, ni en todo el mes de febrero. «Al contrario», me dijo cuando vine a verla, poco antes de su muerte. «El sol calentó más temprano que en agosto.» Estaba descuartizando[5] tres conejos para el almuerzo, rodeada de perros acezantes,[6] cuando Santiago Nasar entró en la cocina. «Siempre se levantaba con cara de mala noche», recordaba sin amor Victoria Guzmán. Divina Flor, su hija, que apenas empezaba a florecer,[7] le sirvió a Santiago Nasar un tazón de café cerrero con un chorro[8] de alcohol de caña, como todos los lunes, para ayudarlo a sobrellevar[9] la carga de la noche anterior. La cocina enorme, con el cuchicheo[10] de la lumbre y las gallinas dormidas en las perchas, tenía una respiración sigilosa.[11] Santiago Nasar masticó otra aspirina y se sentó a beber a sorbos[12] lentos el tazón de café, pensando despacio, sin apartar la vista de las dos mujeres que destripaban[13] los conejos en la hornilla. A pesar de la edad, Victoria Guzmán

---

1 de pontifical: en traje de ceremonias
2 de compromiso: obligatorio
3 fastos: esplendores, pompas
4 estornudar: *to sneeze*
5 descuartizando: dividiendo en cuatro partes
6 acezantes: *panting*
7 florecer: producir flores
8 chorro: una cantidad
9 sobrellevar: soportar algo desagradable
10 cuchicheo: murmullo
11 sigilosa: callada, silenciosa, sin que nadie se dé cuenta
12 a sorbos: *in sips*
13 destripaban: sacaban las entrañas

se conservaba entera.[1] La niña, todavía un poco montaraz,[2] parecía sofocada por el ímpetu de sus glándulas. Santiago Nasar la agarró por la muñeca[3] cuando ella iba a recibirle el tazón vacío.

5   —Ya estás en tiempo de desbravar[4] —le dijo.

Victoria Guzmán le mostró el cuchillo ensangrentado.

—Suéltala, blanco —le ordenó en serio—. De esa agua no beberás mientras yo esté viva.

Había sido seducida por Ibrahim Nasar en la plenitud de la 10 adolescencia. La había amado en secreto varios años en los establos de la hacienda, y la llevó a servir en su casa cuando se le acabó el afecto.[5] Divina Flor, que era hija de un marido más reciente, se sabía destinada a la cama furtiva de Santiago Nasar, y esa idea le causaba una ansiedad prematura. «No ha vuelto a 15 nacer otro hombre como ése», me dijo, gorda y mustia,[6] y rodeada[7] por los hijos de otros amores. «Era idéntico a su padre —le replicó Victoria Guzmán—. Un mierda.»[8] Pero no pudo eludir[9] una rápida ráfaga[10] de espanto al recordar el horror de Santiago Nasar cuando ella arrancó[11] de cuajo[12] las entrañas de un conejo 20 y les tiró a los perros el tripajo[13] humeante.[14]

—No seas bárbara —le dijo él—. Imagínate que fuera un ser humano.

Victoria Guzmán necesitó casi 20 años para entender que un hombre acostumbrado a matar animales inermes[15] expresara de 25 pronto semejante horror. «¡Dios Santo —exclamó asustada—, de modo que todo aquello fue una revelación!» Sin embargo, tenía tantas rabias atrasadas[16] la mañana del crimen, que siguió cebando[17] a los perros con las vísceras de los otros conejos, sólo por amargarle[18] el desayuno a Santiago Nasar. En ésas estaban cuando

---

1 se conservaba entera: lucía bien para su edad

2 montaraz: salvaje, bravo

3 muñeca: la parte del cuerpo entre el brazo y la mano

4 desbravar: domar, domesticar

5 se le acabó el afecto: ya no le tenía cariño

6 mustia: triste

7 rodeada: en medio de

8 mierda: palabra vulgar para excremento, una persona no digna de respeto

9 eludir: evitar

10 ráfaga: *flash*

11 arrancó: quitó con fuerza

12 de cuajo: completamente

13 tripajo: entrañas

14 humeante: que echa humo o vapor *(steaming)*

15 inermes: indefensos

16 atrasadas: guardadas desde hace tiempo

17 cebando: dando de comer

18 amargar: hacer amargo *(to make bitter, to spoil the moment)*

el pueblo entero despertó con el bramido estremecedor del buque de vapor en que llegaba el obispo.

La casa era un antiguo depósito[1] de dos pisos, con paredes de tablones bastos y un techo de cinc de dos aguas, sobre el cual velaban los gallinazos por los desperdicios del puerto. Había sido construido en los tiempos en que el río era tan servicial que muchas barcazas[2] de mar, e inclusive algunos barcos de altura, se aventuraban hasta aquí a través de las ciénagas[3] del estuario. Cuando vino Ibrahim Nasar con los últimos árabes, al término de las guerras civiles, ya no llegaban los barcos de mar debido a las mudanzas del río, y el depósito estaba en desuso. Ibrahim Nasar lo compró a cualquier precio para poner una tienda de importación que nunca puso, y sólo cuando se iba a casar lo convirtió en una casa para vivir. En la planta baja abrió un salón que servía para todo, y construyó en el fondo[4] una caballeriza para cuatro animales, los cuartos de servicio, y una cocina de hacienda con ventanas hacia el puerto por donde entraba a toda hora la pestilencia[5] de las aguas. Lo único que dejó intacto en el salón fue la escalera en espiral rescatada[6] de algún naufragio.[7] En la planta alta, donde antes estuvieron las oficinas de aduana,[8] hizo dos dormitorios amplios y cinco camarotes[9] para los muchos hijos que pensaba tener, y construyó un balcón de madera sobre los almendros de la plaza, donde Plácida Linero se sentaba en las tardes de marzo a consolarse de su soledad. En la fachada conservó la puerta principal y le hizo dos ventanas de cuerpo entero con bolillos torneados. Conservó también la puerta posterior, sólo que un poco más alzada para pasar a caballo, y mantuvo en servicio una parte del antiguo muelle. Ésa fue siempre la puerta de más uso, no sólo porque era el acceso natural a las pesebreras[10] y la cocina, sino porque daba a la calle del puerto nuevo sin pasar por la plaza. La puerta del frente, salvo en ocasiones festivas, permanecía cerrada y con tranca.[11] Sin embargo, fue por allí, y no por

1 depósito: almacén
2 barcazas: barcos pequeños (*barges*)
3 ciénagas: *swamps*
4 fondo: la parte más profunda
5 pestilencia: olor fuerte y repugnante
6 rescatada: salvada
7 naufragio: un accidente en que se hunde un barco
8 aduana: *customhouse*

9 camarotes: dormitorios pequeños
10 pesebreras: edificios donde se guardan los caballos
11 tranca: *crossbar*

la puerta posterior, por donde esperaban a Santiago Nasar los hombres que lo iban a matar, y fue por allí por donde él salió a recibir al obispo, a pesar de que debía darle una vuelta[1] completa a la casa para llegar al puerto.

5   Nadie podía entender tantas coincidencias funestas.[2] El juez instructor que vino de Riohacha debió sentirlas sin atreverse a admitirlas, pues su interés de darles una explicación racional era evidente en el sumario. La puerta de la plaza estaba citada varias veces con un nombre de folletín:[3] *La puerta fatal.* En realidad, la
10 única explicación válida parecía ser la de Plácida Linero, que contestó a la pregunta con su razón de madre: «Mi hijo no salía nunca por la puerta de atrás cuando estaba bien vestido.» Parecía una verdad tan fácil, que el instructor la registró en una nota marginal, pero no la sentó en el sumario.

15   Victoria Guzmán, por su parte, fue terminante[4] en la respuesta de que ni ella ni su hija sabían que a Santiago Nasar lo estaban esperando para matarlo. Pero en el curso de sus años admitió que ambas lo sabían cuando él entró en la cocina a tomar el café. Se lo había dicho una mujer que pasó después de las
20 cinco a pedir un poco de leche por caridad, y les reveló además los motivos y el lugar donde lo estaban esperando. «No lo previne porque pensé que eran habladas de borracho», me dijo. No obstante, Divina Flor me confesó en una visita posterior, cuando ya su madre había muerto, que ésta no le había dicho nada a
25 Santiago Nasar porque en el fondo de su alma quería que lo mataran. En cambio ella no lo previno porque entonces no era más que una niña asustada, incapaz de una decisión propia, y se había asustado mucho más cuando él la agarró[5] por la muñeca con una mano que sintió helada y pétrea,[6] como una mano de
30 muerto.

     Santiago Nasar atravesó a pasos largos la casa en penumbra, perseguido por los bramidos de júbilo del buque del obispo. Divina Flor se le adelantó para abrirle la puerta, tratando de no dejarse alcanzar[7] por entre las jaulas de pájaros dormidos del
35 comedor, por entre los muebles de mimbre y las macetas de

---

1 dar una vuelta: ir alrededor
2 funestas: fatales
3 folletín: novela que se publica en un periódico, de capítulo en capítulo
4 terminante: claro, decisivo

5 agarró: cogió fuertemente
6 pétrea: dura, fuerte
7 no dejarse alcanzar: no permitirle que se acerque

helechos colgados de la sala, pero cuando quitó la tranca de la puerta no pudo evitar otra vez la mano de gavilán carnicero.[1] «Me agarró toda la panocha[2] —me dijo Divina Flor—. Era lo que hacía siempre cuando me encontraba sola por los rincones de la casa, pero aquel día no sentí el susto de siempre sino unas ganas horribles de llorar.» Se apartó para dejarlo salir, y a través de la puerta entreabierta vio los almendros de la plaza, nevados por el resplandor del amanecer, pero no tuvo valor para ver nada más. «Entonces se acabó el pito[3] del buque y empezaron a cantar los gallos —me dijo—. Era un alboroto tan grande, que no podía creerse que hubiera tantos gallos en el pueblo, y pensé que venían en el buque del obispo.» Lo único que ella pudo hacer por el hombre que nunca había de ser suyo, fue dejar la puerta sin tranca, contra las órdenes de Plácida Linero, para que él pudiera entrar otra vez en caso de urgencia. Alguien que nunca fue identificado había metido por debajo de la puerta un papel dentro de un sobre, en el cual le avisaban a Santiago Nasar que lo estaban esperando para matarlo, y le revelaban además el lugar y los motivos, y otros detalles muy precisos de la confabulación. El mensaje estaba en el suelo cuando Santiago Nasar salió de su casa, pero él no lo vio, ni lo vio Divina Flor ni lo vio nadie hasta mucho después de que el crimen fue consumado.

Habían dado las seis y aún seguían encendidas las luces públicas. En las ramas de los almendros, y en algunos balcones, estaban todavía las guirnaldas de colores de la boda, y hubiera podido pensarse que acababan de colgarlas en honor del obispo. Pero la plaza cubierta de baldosas[4] hasta el atrio[5] de la iglesia, donde estaba el tablado[6] de los músicos, parecía un muladar[7] de botellas vacías y toda clase de desperdicios[8] de la parranda pública. Cuando Santiago Nasar salió de su casa, varias personas corrían hacia el puerto, apremiadas[9] por los bramidos del buque.

El único lugar abierto en la plaza era una tienda de leche a un costado de la iglesia, donde estaban los dos hombres que esperaban a Santiago Nasar para matarlo. Clotilde Armenta, la

---

1 gavilán carnicero: *butcher hawk*
2 panocha: *vulgar slang for female genitals*
3 pito: silbato, sonido agudo
4 baldosas: *tiles*
5 atrio: donde se entra
6 tablado: andén

7 muladar: sitio donde se pone la basura
8 desperdicios: basura, cosas que no sirven para nada
9 apremiadas: de prisa

dueña del negocio, fue la primera que lo vio en el resplandor del alba, y tuvo la impresión de que estaba vestido de aluminio. «Ya parecía un fantasma», me dijo. Los hombres que lo iban a matar se habían dormido en los asientos, apretando[1] en el regazo los cuchillos envueltos en periódicos, y Clotilde Armenta reprimió[2] el aliento[3] para no despertarlos.

Eran gemelos: Pedro y Pablo Vicario. Tenían 24 años, y se parecían tanto que costaba trabajo distinguirlos. «Eran de catadura espesa[4] pero de buena índole»,[5] decía el sumario. Yo, que los conocía desde la escuela primaria, hubiera escrito lo mismo. Esa mañana llevaban todavía los vestidos de paño oscuro de la boda, demasiado gruesos y formales para el Caribe, y tenían el aspecto devastado por tantas horas de mala vida, pero habían cumplido con el deber de afeitarse. Aunque no habían dejado de beber desde la víspera[6] de la parranda, ya no estaban borrachos al cabo de tres días, sino que parecían sonámbulos[7] desvelados.[8] Se habían dormido con las primeras auras del amanecer, después de casi tres horas de espera en la tienda de Clotilde Armenta, y aquél era su primer sueño desde el viernes. Apenas si habían despertado con el primer bramido del buque, pero el instinto los despertó por completo cuando Santiago Nasar salió de su casa. Ambos agarraron entonces el rollo de periódicos, y Pedro Vicario empezó a levantarse.

—Por el amor de Dios —murmuró Clotilde Armenta—. Déjenlo para después, aunque sea por respeto al señor obispo.

«Fue un soplo[9] del Espíritu Santo», repetía ella a menudo. En efecto, había sido una ocurrencia providencial, pero de una virtud momentánea. Al oírla, los gemelos Vicario reflexionaron, y el que se había levantado volvió a sentarse. Ambos siguieron con la mirada a Santiago Nasar cuando empezó a cruzar la plaza. «Lo miraban más bien con lástima», decía Clotilde Armenta. Las niñas

---

1 apretando: estrechando *(squeezing)*
2 reprimió: contuvo, controló
3 aliento: respiración
4 catadura espesa: apariencia desagradable
5 de buena índole: de carácter simpático
6 víspera: día o noche anterior
7 sonámbulos: los que andan mientras duermen
8 desvelados: insomnes, que no pueden dormir
9 soplo: aliento

de la escuela de monjas[1] atravesaron la plaza en ese momento trotando en desorden con sus uniformes de huérfanas.

Plácida Linero tuvo razón: el obispo no se bajó del buque. Había mucha gente en el puerto además de las autoridades y los niños de las escuelas, y por todas partes se veían los huacales[2] de gallos bien cebados[3] que le llevaban de regalo al obispo, porque la sopa de crestas[4] era su plato predilecto.[5] En el muelle de carga había tanta leña[6] arrumada, que el buque habría necesitado por lo menos dos horas para cargarla. Pero no se detuvo. Apareció en la vuelta del río, rezongando[7] como un dragón, y entonces la banda de músicos empezó a tocar el himno del obispo, y los gallos se pusieron a cantar en los huacales y alborotaron a los otros gallos del pueblo.

Por aquella época, los legendarios buques de rueda alimentados con leña estaban a punto de acabarse, y los pocos que quedaban en servicio ya no tenían pianola ni camarotes para la luna de miel,[8] y apenas si lograban navegar contra la corriente. Pero éste era nuevo, y tenía dos chimeneas en vez de una con la bandera pintada como un brazal, y la rueda de tablones[9] de la popa[10] le daba un ímpetu de barco de mar. En la baranda[11] superior, junto al camarote del capitán, iba el obispo de sotana blanca con su séquito[12] de españoles. «Estaba haciendo un tiempo de Navidad», ha dicho mi hermana Margot. Lo que pasó, según ella, fue que el silbato[13] del buque soltó un chorro de vapor a presión al pasar frente al puerto, y dejó ensopados[14] a los que estaban más cerca de la orilla. Fue una ilusión fugaz:[15] el obispo empezó a hacer la señal de la cruz en el aire frente a la muchedumbre del muelle, y después siguió haciéndola de memoria, sin malicia ni inspiración, hasta que el buque se perdió de vista y sólo quedó el alboroto de los gallos.

---

1 monjas: mujeres que viven en un convento, en una comunidad religiosa católica
2 huacales: cajas de madera
3 cebados: alimentados
4 crestas: la parte roja encima de la cabeza del gallo
5 predilecto: favorito
6 leña: madera seca para hacer fuego
7 rezongando: *snarling*
8 luna de miel: viaje que se hace después de casarse

9 rueda de tablones: *paddle wheel*
10 popa: parte posterior del barco
11 baranda: *deck; banister*
12 séquito: las personas que acompañan a una persona importante
13 silbato: instrumento que produce un sonido agudo
14 ensopados: muy mojados
15 fugaz: que se va muy rápido

Santiago Nasar tenía motivos para sentirse defraudado.[1] Había contribuido con varias cargas de leña[2] a las solicitudes públicas del padre Carmen Amador, y además había escogido él mismo los gallos de crestas más apetitosas. Pero fue una contrariedad momentánea. Mi hermana Margot, que estaba con él en el muelle, lo encontró de muy buen humor y con ánimos de seguir la fiesta, a pesar de que las aspirinas no le habían causado ningún alivio. «No parecía resfriado, y sólo estaba pensando en lo que había costado la boda», me dijo. Cristo Bedoya, que estaba con ellos, reveló cifras[3] que aumentaron el asombro. Había estado de parranda con Santiago Nasar y conmigo hasta un poco antes de las cuatro, pero no había ido a dormir donde sus padres, sino que se quedó conversando en casa de sus abuelos. Allí obtuvo muchos datos que le faltaban para calcular los costos de la parranda. Contó que se habían sacrificado cuarenta pavos y once cerdos para los invitados, y cuatro terneras[4] que el novio puso a asar para el pueblo en la plaza pública. Contó que se consumieron 205 cajas de alcoholes de contrabando y casi 2.000 botellas de ron de caña que fueron repartidas entre la muchedumbre. No hubo una sola persona, ni pobre ni rica, que no hubiera participado de algún modo en la parranda de mayor escándalo que se había visto jamás en el pueblo. Santiago Nasar soñó en voz alta.

—Así será mi matrimonio —dijo—. No les alcanzará la vida[5] para contarlo.

Mi hermana sintió pasar el ángel.[6] Pensó una vez más en la buena suerte de Flora Miguel, que tenía tantas cosas en la vida, y que iba a tener además a Santiago Nasar en la Navidad de ese año. «Me di cuenta de pronto de que no podía haber un partido[7] mejor que él», me dijo. «Imagínate: bello, formal, y con una fortuna propia a los veintiún años.» Ella solía invitarlo a desayunar en nuestra casa cuando había caribañolas[8] de yuca, y mi madre las estaba haciendo aquella mañana. Santiago Nasar aceptó entusiasmado.

---

1 defraudado: engañado
2 leña: madera
3 cifras: números
4 terneras: vacas jóvenes
5 no les alcanzará la vida: la vida no durará bastante tiempo
6 sintió pasar el ángel: notó algo que ella no poseerá

7 partido: esposo conveniente
8 caribañolas: *fritters*

—Me cambio de ropa y te alcanzo[1] —dijo, y cayó en la cuenta[2] de que había olvidado el reloj en la mesa de noche—. ¿Qué hora es?

Eran las 6.25. Santiago Nasar tomó del brazo a Cristo Bedoya y se lo llevó hacia la plaza.

—Dentro de un cuarto de hora estoy en tu casa —le dijo a mi hermana.

Ella insistió en que se fueran juntos de inmediato porque el desayuno estaba servido. «Era una insistencia rara —me dijo Cristo Bedoya—. Tanto, que a veces he pensado que Margot ya sabía que lo iban a matar y quería esconderlo[3] en tu casa.» Sin embargo, Santiago Nasar la convenció de que se adelantara mientras él se ponía la ropa de montar, pues tenía que estar temprano en *El Divino Rostro* para castrar terneros. Se despidió de ella con la misma señal de la mano con que se había despedido de su madre, y se alejó hacia la plaza llevando del brazo a Cristo Bedoya. Fue la última vez que lo vio.

Muchos de los que estaban en el puerto sabían que a Santiago Nasar lo iban a matar. Don Lázaro Aponte, coronel de academia en uso de buen retiro y alcalde municipal desde hacía once años, le hizo un saludo con los dedos. «Yo tenía mis razones muy reales para creer que ya no corría ningún peligro», me dijo. El padre Carmen Amador tampoco se preocupó. «Cuando lo vi sano y salvo[4] pensé que todo había sido un infundio»,[5] me dijo. Nadie se preguntó siquiera si Santiago Nasar estaba prevenido, porque a todos les pareció imposible que no lo estuviera.

En realidad, mi hermana Margot era una de las pocas personas que todavía ignoraban[6] que lo iban a matar. «De haberlo sabido, me lo hubiera llevado para la casa aunque fuera amarrado»,[7] declaró al instructor. Era extraño que no lo supiera, pero lo era mucho más que tampoco lo supiera mi madre, pues se enteraba de todo antes que nadie en la casa, a pesar de que hacía años que no salía a la calle, ni siquiera para ir a misa. Yo apreciaba esa virtud suya desde que empecé a levantarme temprano para ir a la escuela. La encontraba como era en aquellos tiempos,

---

1 te alcanzo: *I'll catch up with you*
2 cayó en la cuenta: notó; se dio cuenta
3 esconder: ocultar, poner algo donde no se puede encontrar

4 sano y salvo: fuera de peligro
5 infundio: mentira
6 ignoraban: no sabían
7 amarrado: atado, sujetado con una soga *(rope)*

lívida y sigilosa, barriendo¹ el patio con una escoba² de ramas en el resplandor ceniciento del amanecer, y entre cada sorbo³ de café me iba contando lo que había ocurrido en el mundo mientras nosotros dormíamos. Parecía tener hilos⁴ de comunicación secre-
5   ta con la otra gente del pueblo, sobre todo con la de su edad, y a veces nos sorprendía con noticias anticipadas que no hubiera podido conocer sino por artes de adivinación. Aquella mañana, sin embargo, no sintió el pálpito de la tragedia que se estaba gestando⁵ desde las tres de la madrugada. Había terminado de barrer
10 el patio, y cuando mi hermana Margot salía a recibir al obispo la encontró moliendo⁶ la yuca para las caribañolas. «Se oían gallos», suele decir mi madre recordando aquel día. Pero nunca relacionó el alboroto distante con la llegada del obispo, sino con los últimos rezagos⁷ de la boda.
15   Nuestra casa estaba lejos de la plaza grande, en un bosque de mangos frente al río. Mi hermana Margot había ido hasta el puerto caminando por la orilla, y la gente estaba demasiado excitada con la visita del obispo para ocuparse de otras novedades.⁸ Habían puesto a los enfermos acostados en los portales para que
20 recibieran la medicina de Dios, y las mujeres salían corriendo de los patios con pavos y lechones y toda clase de cosas de comer, y desde la orilla opuesta llegaban canoas adornadas de flores. Pero después de que el obispo pasó sin dejar su huella en la tierra, la otra noticia reprimida⁹ alcanzó su tamaño de escándalo. Entonces
25 fue cuando mi hermana Margot la conoció completa y de un modo brutal: Ángela Vicario, la hermosa muchacha que se había casado el día anterior, había sido devuelta a la casa de sus padres, porque el esposo encontró que no era virgen. «Sentí que era yo la que me iba a morir», dijo mi hermana. «Pero por más que voltea-
30 ban¹⁰ el cuento al derecho y al revés, nadie podía explicarme cómo fue que el pobre Santiago Nasar terminó comprometido¹¹ en semejante enredo.»¹² Lo único que sabían con seguridad era que los hermanos de Ángela Vicario lo estaban esperando para matarlo.

---

1 barriendo: *sweeping*
2 escoba: *broom*
3 sorbo: *sip*
4 hilos: *threads, lines*
5 gestando: formando
6 moliendo: *grinding*
7 rezagos: la comida que queda después de la cena

8 novedades: noticias
9 reprimida: contenida, escondida
10 volteaban: daban vueltas
11 comprometido: implicado, mezclado
12 enredo: lío, apuro, desorden

Mi hermana volvió a casa mordiéndose por dentro[1] para no llorar. Encontró a mi madre en el comedor, con un traje dominical de flores azules que se había puesto por si el obispo pasaba a saludarnos, y estaba cantando el fado[2] del amor invisible mientras arreglaba la mesa. Mi hermana notó que había un puesto más que de costumbre.

—Es para Santiago Nasar —le dijo mi madre—. Me dijeron que lo habías invitado a desayunar.

—Quítalo —dijo mi hermana.

Entonces le contó. «Pero fue como si ya lo supiera —me dijo—. Fue lo mismo de siempre, que uno empieza a contarle algo, y antes de que el cuento llegue a la mitad ya ella sabe cómo termina.» Aquella mala noticia era un nudo cifrado[3] para mi madre. A Santiago Nasar le habían puesto ese nombre por el nombre de ella, y era además su madrina[4] de bautismo, pero también tenía un parentesco[5] de sangre con Pura Vicario, la madre de la novia devuelta. Sin embargo, no había acabado de escuchar la noticia cuando ya se había puesto los zapatos de tacones y la mantilla de iglesia que sólo usaba entonces para las visitas de pésame.[6] Mi padre, que había oído todo desde la cama, apareció en piyama en el comedor y le preguntó alarmado para dónde iba.

—A prevenir a mi comadre Plácida —contestó ella—. No es justo que todo el mundo sepa que le van a matar el hijo, y que ella sea la única que no lo sabe.

—Tenemos tantos vínculos con ella como con los Vicario —dijo mi padre.

—Hay que estar siempre de parte del muerto —dijo ella.

Mis hermanos menores empezaron a salir de los otros cuartos. Los más pequeños, tocados por el soplo de la tragedia, rompieron a[7] llorar. Mi madre no les hizo caso, por una vez en la vida, ni le prestó atención a su esposo.

—Espérate y me visto —le dijo él.

Ella estaba ya en la calle. Mi hermano Jaime, que entonces no tenía más de siete años, era el único que estaba vestido para la escuela.

---

1 mordiéndose por dentro: tratando de controlarse
2 fado: canción popular portuguesa
3 nudo cifrado: problema difícil
4 madrina: *godmother*
5 parentesco: vínculo entre parientes
6 pésame: expresión de tristeza y compasión por la muerte de alguien
7 rompieron a: empezaron a

—Acompáñala tú —ordenó mi padre.

Jaime corrió detrás de ella sin saber qué pasaba ni para dónde iban, y se agarró de su mano. «Iba hablando sola —me dijo Jaime—. Hombres de mala ley —decía en voz muy baja—,
5   animales de mierda que no son capaces de hacer nada que no sean desgracias.» No se daba cuenta ni siquiera de que llevaba al niño de la mano. «Debieron pensar que me había vuelto loca —me dijo—. Lo único que recuerdo es que se oía a lo lejos un ruido de mucha gente, como si hubiera vuelto a empezar la fiesta de la
10   boda, y que todo el mundo corría en dirección de la plaza.» Apresuró[1] el paso, con la determinación de que era capaz cuando estaba una vida de por medio, hasta que alguien que corría en sentido contrario se compadeció[2] de su desvarío.[3]

—No se moleste, Luisa Santiaga —le gritó al pasar—. Ya lo
15 mataron.

---

1 apresuró: tuvo prisa
2 compadeció: sintió compasión
3 desvarío: locura

Capítulo 1

A. Preguntas de comprensión

1. ¿Por qué se levanta temprano Santiago Nasar el día de su muerte?

2. ¿Cuál es la condición necesaria para que Plácida Linero pueda interpretar los sueños?

3. ¿Cómo les parece Santiago Nasar a todos los que lo ven?

4. ¿Qué es *El Divino Rostro*?

5. Cuando García Márquez viene a ver a Plácida Linero, ésta lo confunde con otro hombre. ¿Con quién?

6. ¿Cómo era el matrimonio de los padres de Santiago Nasar?

7. ¿Por qué quiere ver Santiago Nasar al obispo? ¿Cómo se caracteriza su interés en la religión?

8. En la mañana del crimen, ¿qué ruido despierta al pueblo? Nota las referencias continuas a este sonido. ¿Cuál es el propósito del autor?

9. Victoria Guzmán y Divina Flor saben que los gemelos van a matar a Santiago Nasar. ¿Por qué no dicen nada?

10. ¿Cuál es el primer aviso ignorado en la casa de Santiago Nasar?

11. ¿Quiénes son los hombres que van a matarlo? ¿Qué indicio tenemos de que ellos realmente no quieren matarlo?

12. ¿Qué aspecto de la boda de la noche anterior le fascina a Santiago Nasar?

13. Describe la opinión de Margot con respecto a Santiago Nasar.

14. ¿Por qué no avisa nadie a Santiago Nasar?

15. ¿Cuál fue el escándalo en cuanto a la boda? ¿Que relación tiene este escándalo con la muerte anunciada de Santiago Nasar?

16. ¿Qué vínculos tiene Luisa Santiaga con Santiago Nasar? ¿Y con la familia de Ángela Vicario?

17. Escribe una lista de los personajes que has encontrado en este capítulo, y una identificación breve para cada uno.

18. Haz un comentario sobre el uso de varios nombres con algún significado simbólico.

B. Preguntas de pensamiento y discusión

1. Algunos personajes dicen que hacía buen tiempo en el día fatal; otros dicen que llovía. En tu opinión, ¿cuál es el significado de esta discrepancia?

2. ¿Cómo formamos nuestra impresión de Santiago Nasar? Puedes incluir los puntos de vista de otros personajes y lo que aprendemos de las acciones y actitudes de Santiago mismo.

3. Fíjate en que muchos de los acontecimientos y personajes de la novela se ven desde perspectivas diferentes, a veces contradictorias. ¿Por qué los presenta así García Márquez? ¿Cuál es el efecto?

4. El autor nos dice al principio que estamos hablando del «día en que lo iban a matar» (a Santiago Nasar). ¿Cómo se utiliza nuestro conocimiento de la muerte de Santiago para desarrollar la ironía del relato? Fíjate en la ironía del sueño de Santiago Nasar, de su uso de una puerta en vez de otra, en el mensaje que no se recibió, y en sus comentarios sobre la boda y los gastos de la misma.

C. Ensayo

La forma de narrar en *Crónica* es muy distinta de la del narrador omnisciente que se encuentra en otras novelas. En uno o dos párrafos bien organizados, comenta el estilo de narración de *Crónica* y el efecto de tener un «narrador-investigador» en vez de un narrador omnisciente.

D. Diálogos

1. Ángela Vicario fue devuelta por su novio por no ser virgen. ¿Qué se refleja aquí respecto al honor y a las costumbres éticas de la sociedad en que la novela se desarrolla? Entrevista a tus padres o abuelos sobre la moral sexual de su generación. Con un compañero de clase prepara un diálogo entre un joven de hoy y su padre o madre o uno de sus abuelos. El

diálogo, que será presentado a la clase, debe reflejar los cambios sociales relacionados con la moral.

2. En el capítulo 1 hay sueños y otros presagios de la muerte de Santiago Nasar. Con un compañero de clase presenta un diálogo sobre los presagios. El diálogo debe ser entre dos amigos: uno que cree en los presagios, y otro que no cree. El que cree ha soñado que el avión en el que va a viajar su amigo tiene un accidente. Por eso trata de convencer a su amigo de que cambie sus planes y tome otro vuelo. El amigo, muy realista y práctico, se burla de la idea de cambiar sus planes basada solamente en un sueño.

Capítulo 2

❧

Personajes nuevos

Bayardo San Román hombre rico que acaba de llegar
al pueblo

Magdalena Oliver vecina de García Márquez

Poncio Vicario padre de Ángela Vicario

Mercedes Barcha novia de García Márquez

Alberta Simonds madre de Bayardo San Román

Petronio San Román padre de Bayardo San Román

El viudo de Xius hombre que vive en el pueblo

Dionisio Iguarán el médico del pueblo

Luis Enrique hermano de García Márquez, amigo de Santiago

Vocabulario 2

albedrío voluntad, la libertad de decidir sobre las propias
acciones

altanero arrogante, soberbio, de demasiado orgullo

enterarse de llegar a saber, informarse

estorbar hacer algo más difícil, poner obstáculos

fingir *to pretend*

flaqueza debilidad, defecto

hondo profundo

luto costumbres que se observan después de la muerte de un
ser querido, como vestirse de negro

mancha *stain*

manso suave, no salvaje

misericordia compasión

peso *weight*

27

prenda posesión

ternura cariño, dulzura

vergonzoso que causa vergüenza o deshonra

Antes de leer

A. Vocabulario

Completa la frase con una de las palabras de la lista de vocabulario.

1. Pura Vicario era una madre severa y fría. Por lo tanto, Ángela se criaba sin la _____ que normalmente existe entre madre e hija.

2. Después de la muerte de una de sus hijas, Pura Vicario no se vestía de negro dentro de la casa pero mantenía un _____ muy rígido en la calle.

3. Ángela no quería casarse con Bayardo por su orgullo excesivo; él le parecía demasiado _____.

4. Bayardo es un hombre de tanta resolución que nada le va a _____ para conseguir lo que quiere.

5. La casa del viudo de Xius tenía un valor sentimental a causa de las _____ de su mujer que todavía estaban adentro.

6. Al principio, Ángela no parece una mujer de mucha fuerza sino una persona de grandes _____.

7. Las amigas de Ángela le aconsejaron que en la noche de su boda ella _____ una inocencia que ya no tenía.

8. Una _____ de sangre en la sábana se consideraba la prueba de la virginidad.

9. Bayardo devolvió a Ángela porque él se _____ de que ella no era virgen.

10. La devolución de Ángela a la casa de sus padres representa una deshonra muy _____ para la familia Vicario.

B. Expresión personal

1. ¿Crees en el destino o en el libre albedrío del ser humano?
2. En tu opinión, ¿cuál es la peor flaqueza del ser humano?
3. ¿Conoces a una persona altanera? Da un ejemplo de un comentario u opinión altanera.
4. Da un ejemplo de una acción que refleja gran misericordia.
5. ¿Cuál fue el momento más vergonzoso de tu vida o de la vida de otra persona que conoces?

Capítulo 2

Bayardo San Román, el hombre que devolvió a la esposa, había venido por primera vez en agosto del año anterior: seis meses antes de la boda. Llegó en el buque semanal con unas alforjas[1] guarnecidas de plata que hacían juego con[2] las hebillas[3] de la correa y las argollas de los botines.[4] Andaba por[5] los treinta años, pero muy bien escondidos, pues tenía una cintura angosta de novillero,[6] los ojos dorados, y la piel cocinada a fuego lento por el salitre. Llegó con una chaqueta corta y un pantalón muy estrecho, ambos de becerro natural, y unos guantes de cabritilla del mismo color. Magdalena Oliver había venido con él en el buque y no pudo quitarle la vista de encima[7] durante el viaje. «Parecía marica[8] —me dijo—. Y era una lástima, porque estaba como para embadurnarlo[9] de mantequilla y comérselo vivo.» No fue la única que lo pensó, ni tampoco la última en darse cuenta de que Bayardo San Román no era un hombre de conocer a primera vista.

Mi madre me escribió al colegio a fines de agosto y me decía en una nota casual: «Ha venido un hombre muy raro.» En la carta siguiente me decía: «El hombre raro se llama Bayardo San Román, y todo el mundo dice que es encantador, pero yo no lo he visto.» Nadie supo nunca a qué vino. A alguien que no resistió la tentación de preguntárselo, un poco antes de la boda, le contestó: «Andaba de pueblo en pueblo buscando con quien casarme.» Podía haber sido verdad, pero lo mismo hubiera contestado cualquier otra cosa, pues tenía una manera de hablar que más bien le servía para ocultar que para decir.

---

1 alforjas: *saddlebags*
2 hacer juego con: *to match*
3 hebilla: objeto de metal con el que se cierra un cinturón
4 botines: botas
5 andaba por: tenía más o menos
6 novillero: matador de toros jóvenes
7 no pudo quitarle la vista de encima: no pudo resistir la tentación de mirarlo
8 marica: *vulgar slang for homosexual*
9 embadurnar: *to smear*

30

La noche en que llegó dio a entender en el cine que era ingeniero de trenes, y habló de la urgencia de construir un ferrocarril
hasta el interior para anticiparnos[1] a las veleidades[2] del río. Al día
siguiente tuvo que mandar un telegrama, y él mismo lo transmitió
con el manipulador, y además le enseñó al telegrafista una fórmula suya para seguir usando las pilas[3] agotadas. Con la misma
propiedad había hablado de enfermedades fronterizas con un
médico militar que pasó por aquellos meses haciendo la leva. Le
gustaban las fiestas ruidosas y largas, pero era de buen beber, se-
parador de pleitos[4] y enemigo de juegos de manos. Un domingo
después de misa desafió[5] a los nadadores más diestros,[6] que eran
muchos, y dejó rezagados[7] a los mejores con veinte brazadas de
ida y vuelta a través del río. Mi madre me lo contó en una carta,
y al final me hizo un comentario muy suyo: «Parece que también
está nadando en oro.» Esto respondía a la leyenda prematura
de que Bayardo San Román no sólo era capaz de hacer todo, y
de hacerlo muy bien, sino que además disponía de[8] recursos
interminables.

Mi madre le dio la bendición final en una carta de octubre.
«La gente lo quiere mucho —me decía—, porque es honrado y de
buen corazón, y el domingo pasado comulgó[9] de rodillas y ayudó
a la misa en latín.» En ese tiempo no estaba permitido comulgar
de pie y sólo se oficiaba en latín, pero mi madre suele hacer esa
clase de precisiones superfluas cuando quiere llegar al fondo de
las cosas. Sin embargo, después de ese veredicto consagratorio
me escribió dos cartas más en las que nada me decía sobre
Bayardo San Román, ni siquiera cuando fue demasiado sabido
que quería casarse con Ángela Vicario. Sólo mucho después de la
boda desgraciada me confesó que lo había conocido cuando ya
era muy tarde para corregir la carta de octubre, y que sus ojos de
oro le habían causado un estremecimiento de espanto.

—Se me pareció al diablo —me dijo—, pero tú mismo me
habías dicho que esas cosas no se deben decir por escrito.

---

1 anticiparnos: adelantarnos
2 veleidades: caprichos, voluntades
3 pilas: *batteries*
4 pleitos: luchas
5 desafió: provocó una rivalidad o
   combate
6 diestros: capaces, expertos, hábiles
7 rezagados: detrás
8 disponía de: tenía, poseía
9 comulgó: recibió el sacramento de la
   comunión

Lo conocí poco después que ella, cuando vine a las vacaciones de Navidad, y no lo encontré tan raro como decían. Me pareció atractivo, en efecto, pero muy lejos de la visión idílica de Magdalena Oliver. Me pareció más serio de lo que hacían creer
5 sus travesuras,[1] y de una tensión recóndita[2] apenas disimulada[3] por sus gracias excesivas. Pero sobre todo, me pareció un hombre muy triste. Ya para entonces había formalizado su compromiso[4] de amores con Ángela Vicario.

Nunca se estableció muy bien cómo se conocieron. La
10 propietaria de la pensión[5] de hombres solos donde vivía Bayardo San Román, contaba que éste estaba haciendo la siesta en un mecedor de la sala, a fines de setiembre, cuando Ángela Vicario y su madre, atravesaron la plaza con dos canastas de flores artificiales. Bayardo San Román despertó a medias, vio las dos
15 mujeres vestidas de negro inclemente que parecían los únicos seres vivos en el marasmo[6] de las dos de la tarde, y preguntó quién era la joven. La propietaria le contestó que era la hija menor de la mujer que la acompañaba, y que se llamaba Ángela Vicario. Bayardo San Román las siguió con la mirada hasta el otro
20 extremo de la plaza.

—Tiene el nombre bien puesto —dijo.

Luego recostó la cabeza en el espaldar del mecedor, y volvió a cerrar los ojos.

—Cuando despierte —dijo—, recuérdame que me voy a
25 casar con ella.

Ángela Vicario me contó que la propietaria de la pensión le había hablado de este episodio desde antes de que Bayardo San Román la requiriera en amores. «Me asusté mucho», me dijo. Tres personas que estaban en la pensión confirmaron que el episodio
30 había ocurrido, pero otras cuatro no lo creyeron cierto. En cambio, todas las versiones coincidían en que Ángela Vicario y Bayardo San Román se habían visto por primera vez en las fiestas patrias de octubre, durante una verbena de caridad[7] en la que ella estuvo encargada de cantar las rifas.[8] Bayardo San Román

---

1 travesura: *mischief*
2 recóndita: escondida, secreta
3 disimulada: escondida, oculta
4 compromiso: obligación, acuerdo
5 pensión: casa en la que viven personas que pagan por vivir allí
6 marasmo: inmovilidad, apatía

7 verbena de caridad: *charity bazaar*
8 cantar las rifas: *call out the raffle numbers*

llegó a la verbena y fue derecho al mostrador atendido por la rifera láguida cerrada de luto hasta la empuñadura, y le preguntó cuánto costaba la ortofónica[1] con incrustaciones de nácar que había de ser el atractivo mayor de la feria. Ella le contestó que no estaba para la venta sino para rifar.

—Mejor —dijo él—, así será más fácil, y además, más barata.

Ella me confesó que había logrado impresionarla, pero por razones contrarias del amor. «Yo detestaba a los hombres altaneros, y nunca había visto uno con tantas ínfulas[2] —me dijo, evocando aquel día—. Además, pensé que era un polaco.» Su contrariedad[3] fue mayor cuando cantó la rifa de la ortofónica, en medio de la ansiedad de todos, y en efecto se la ganó Bayardo San Román. No podía imaginarse que él, sólo por impresionarla, había comprado todos los números de la rifa.

Esa noche, cuando volvió a su casa, Ángela Vicario, encontró allí la ortofónica envuelta en papel de regalo y adornada con un lazo de organza. «Nunca pude saber cómo supo que era mi cumpleaños», me dijo. Le costó trabajo convencer a sus padres de que no le había dado ningún motivo a Bayardo San Román para que le mandara semejante regalo, y menos de una manera tan visible que no pasó inadvertido[4] para nadie. De modo que sus hermanos mayores, Pedro y Pablo, llevaron la ortofónica al hotel para devolvérsela a su dueño, y lo hicieron con tanto revuelo[5] que no hubo nadie que la viera venir y no la viera regresar. Con lo único que no contó la familia fue con los encantos irresistibles de Bayardo San Román. Los gemelos no reaparecieron hasta el amanecer del día siguiente, turbios[6] de la borrachera, llevando otra vez la ortofónica y llevando además a Bayardo San Román para seguir la parranda en la casa.

Ángela Vicario era la hija menor de una familia de recursos escasos. Su padre, Poncio Vicario, era orfebre[7] de pobres, y la vista se le acabó de tanto hacer primores de oro para mantener el honor de la casa. Purísima del Carmen, su madre, había sido maestra de escuela hasta que se casó para siempre. Su aspecto manso y un tanto afligido[8] disimulaba muy bien el rigor de su

---

1 ortofónica: caja que produce música
2 ínfulas: vanidades, presunciones
3 contrariedad: enojo
4 inadvertido: no visto o notado
5 revuelo: conmoción, agitación
6 turbios: confusos, nublados
7 orfebre: persona que trabaja con oro y plata
8 afligido: triste

33

carácter. «Parecía una monja»,[1] recuerda Mercedes. Se consagró[2] con tal espíritu de sacrificio a la atención del esposo y a la crianza[3] de los hijos, que a uno se le olvidaba a veces que seguía existiendo. Las dos hijas mayores se habían casado muy tarde.
5 Además de los gemelos, tuvieron una hija intermedia que había muerto de fiebres[4] crepusculares, y dos años después seguían guardándole un luto aliviado dentro de la casa, pero riguroso en la calle. Los hermanos fueron criados para ser hombres. Ellas habían sido educadas para casarse. Sabían bordar[5] con bastidor,
10 coser a máquina, tejer encaje de bolillo, lavar y planchar, hacer flores artificiales y dulces de fantasía, y redactar esquelas[6] de compromiso. A diferencia de las muchachas de la época, que habían descuidado el culto de la muerte, las cuatro eran maestras en la ciencia antigua de velar[7] a los enfermos, confortar a los mori-
15 bundos y amortajar a los muertos. Lo único que mi madre les reprochaba era la costumbre de peinarse antes de dormir. «Muchachas —les decía—: no se peinen de noche que se retrasan[8] los navegantes.» Salvo[9] por eso, pensaba que no había hijas mejor educadas. «Son perfectas —le oía decir con frecuen-
20 cia—. Cualquier hombre será feliz con ellas, porque han sido criadas para sufrir.» Sin embargo, a los que se casaron con las dos mayores les fue difícil romper el cerco, porque siempre iban juntas a todas partes, y organizaban bailes de mujeres solas y estaban predispuestas a encontrar segundas intenciones en los
25 designios de los hombres.

Ángela Vicario era la más bella de las cuatro, y mi madre decía que había nacido como las grandes reinas de la historia con el cordón umbilical enrollado en el cuello. Pero tenía un aire desamparado[10] y una pobreza de espíritu que le auguraban un
30 porvenir[11] incierto. Yo volvía a verla año tras año, durante mis vacaciones de Navidad, y cada vez parecía más desvalida[12] en la ventana de su casa, donde se sentaba por la tarde a hacer flores de trapo y a cantar valses de solteras con sus vecinas. «Ya está de

---

1 monja: *nun*
2 se consagró: se dedicó
3 crianza: acción de criar niños
4 fiebre: elevación anormal de la temperatura del cuerpo
5 bordar: *to embroider*
6 esquelas: cartas
7 velar: vigilar
8 se retrasan: llegan más tarde
9 salvo: excepto
10 desamparado: indefenso
11 porvenir: futuro
12 desvalida: desamparada, indefensa

colgar en un alambre[1] —me decía Santiago Nasar—: tu prima la boba.» De pronto, poco antes del luto de la hermana, la encontré en la calle por primera vez, vestida de mujer y con el cabello rizado, y apenas si pude creer que fuera la misma. Pero fue una visión momentánea: su penuria[2] de espíritu se agravaba[3] con los años. Tanto, que cuando se supo que Bayardo San Román quería casarse con ella, muchos pensaron que era una perfidia[4] de forastero.[5]

La familia no sólo lo tomó en serio, sino con un grande alborozo. Salvo Pura Vicario, quien puso como condición que Bayardo San Román acreditara su identidad. Hasta entonces nadie sabía quién era. Su pasado no iba más allá de la tarde en que desembarcó con su atuendo de artista, y era tan reservado sobre su origen que hasta el engendro[6] más demente podía ser cierto. Se llegó a decir que había arrasado[7] pueblos y sembrado el terror en Casanare como comandante de tropa, que era prófugo[8] de Cayena, que lo habían visto en Pernambuco tratando de medrar[9] con una pareja de osos amaestrados, y que había rescatado los restos de un galeón español cargado de oro en el canal de los Vientos. Bayardo San Román le puso término a tantas conjeturas con un recurso simple: trajo a su familia en pleno.

Eran cuatro: el padre, la madre y dos hermanas perturbadoras. Llegaron en un Ford T con placas oficiales cuya bocina de pato alborotó las calles a las once de la mañana. La madre, Alberta Simonds, una mulata grande de Curazao que hablaba el castellano todavía atravesado de papiamento, había sido proclamada en su juventud como la más bella entre las 200 más bellas de las Antillas. Las hermanas, acabadas de florecer, parecían dos potrancas[10] sin sosiego.[11] Pero la carta grande era el padre: el general Petronio San Román, héroe de las guerras civiles del siglo anterior, y una de las glorias mayores del régimen conservador por haber puesto en fuga[12] al coronel Aureliano Buendía en desastre de Tucurinca. Mi madre fue la única que no fue a saludarlo cuando

1 alambre: hilo metálico	8 prófugo: el que se ha escapado
2 penuria: pobreza	9 medrar: ganarse la vida
3 se agravaba: se ponía peor	10 potrancas: hembras del caballo
4 perfidia: malas intenciones; engaño	11 sosiego: tranquilidad
5 forastero: persona que no es del pueblo o ciudad	12 fuga: acción de huir
6 engendro: mentira	
7 arrasado: destruido	

supo quién era. «Me parecía muy bien que se casaran —me dijo—. Pero una cosa era eso, y otra muy distinta era darle la mano a un hombre que ordenó dispararle[1] por la espalda a Gerineldo Márquez.» Desde que asomó por la ventana del automóvil saludando con el sombrero blanco, todos lo reconocieron por la fama de sus retratos. Llevaba un traje de lienzo color de trigo, botines de cordobán con los cordones cruzados, y unos espejuelos[2] de oro prendidos con pinzas en la cruz de la nariz y sostenidos con una leontina en el ojal del chaleco. Llevaba la medalla del valor en la solapa y un bastón con el escudo nacional esculpido en el pomo. Fue el primero que se bajó del automóvil, cubierto por completo por el polvo ardiente de nuestros malos caminos, y no tuvo más que aparecer en el pescante para que todo el mundo se diera cuenta de que Bayardo San Román se iba a casar con quien quisiera.

Era Ángela Vicario quien no quería casarse con él. «Me parecía demasiado hombre para mí», me dijo. Además, Bayardo San Román no había intentado siquiera seducirla a ella, sino que hechizó[3] a la familia con sus encantos. Ángela Vicario no olvidó nunca el horror de la noche en que sus padres y sus hermanas mayores con sus maridos, reunidos en la sala de la casa, le impusieron la obligación de casarse con un hombre que apenas había visto. Los gemelos se mantuvieron al margen. «Nos pareció que eran vainas[4] de mujeres», me dijo Pablo Vicario. El argumento decisivo de los padres fue que una familia dignificada por la modestia no tenía derecho a despreciar[5] aquel premio del destino. Ángela Vicario se atrevió apenas a insinuar el inconveniente de la falta de amor, pero su madre lo demolió con una sola frase:

—También el amor se aprende.

A diferencia de los noviazgos[6] de la época, que eran largos y vigilados, el de ellos fue de sólo cuatro meses por las urgencias de Bayardo San Román. No fue más corto porque Pura Vicario exigió esperar a que terminara el luto de la familia. Pero el tiempo alcanzó sin angustias por la manera irresistible con que Bayardo San Román arreglaba las cosas. «Una noche me preguntó cuál era la casa que más me gustaba —me contó Ángela Vicario—. Y yo

---

1 disparar: *to shoot*
2 espejuelos: gafas, anteojos
3 hechizó: encantó
4 vainas: problemas

5 despreciar: no estimar
6 noviazgo: estado de ser novios

le contesté, sin saber para qué era, que la más bonita del pueblo era la quinta[1] del viudo de Xius.» Yo hubiera dicho lo mismo. Estaba en una colina barrida por los vientos, y desde la terraza se veía el paraíso sin límite de las ciénagas[2] cubiertas de anémonas moradas, y en los días claros del verano se alcanzaba a ver el horizonte nítido del Caribe, y los trasatlánticos de turistas de Cartagena de Indias. Bayardo San Román fue esa misma noche al Club Social y se sentó a la mesa del viudo de Xius a jugar una partida de dominó.

—Viudo —le dijo—: le compro su casa.

—No está a la venta[3] —dijo el viudo.

—Se la compro con todo lo que tiene dentro.

El viudo de Xius le explicó con una buena educación a la antigua que los objetos de la casa habían sido comprados por la esposa en toda una vida de sacrificios, y que para él seguían siendo como parte de ella. «Hablaba con el alma en la mano —me dijo el doctor Dionisio Iguarán, que estaba jugando con ellos—. Yo estaba seguro que prefería morirse antes que vender una casa donde había sido feliz durante más de treinta años.» También Bayardo San Román comprendió sus razones.

—De acuerdo —dijo—. Entonces véndame la casa vacía.

Pero el viudo se defendió hasta el final de la partida. Al cabo de tres noches, ya mejor preparado, Bayardo San Román volvió a la mesa de dominó.

—Viudo —empezó de nuevo—: ¿Cuánto cuesta la casa?

—No tiene precio.

—Diga uno cualquiera.

—Lo siento, Bayardo —dijo el viudo—, pero ustedes los jóvenes no entienden los motivos del corazón.

Bayardo San Román no hizo una pausa para pensar.

—Digamos cinco mil pesos —dijo.

—Juega limpio —le replicó el viudo con la dignidad alerta—. Esa casa no vale tanto.

—Diez mil —dijo Bayardo San Román—. Ahora mismo, y con un billete encima del otro.

El viudo lo miró con los ojos llenos de lágrimas. «Lloraba de rabia —me dijo el doctor Dionisio Iguarán, que además de médico

---

1 quinta: casa de campo   3 a la venta: que se vende
2 ciénagas: *swamps*

37

era hombre de letras—. Imagínate: semejante cantidad al alcance de la mano, y tener que decir que no por una simple flaqueza del espíritu.» Al viudo de Xius no le salió la voz, pero negó sin vacilación con la cabeza.

5   —Entonces hágame un último favor —dijo Bayardo San Román—. Espéreme aquí cinco minutos.

Cinco minutos después, en efecto, volvió al Club Social con las alforjas[1] enchapadas de plata, y puso sobre la mesa diez gavillas[2] de billetes de a mil todavía con las bandas impresas del
10   Banco del Estado. El viudo de Xius murió dos años después. «Se murió de eso —decía el doctor Dionisio Iguarán—. Estaba más sano que nosotros, pero cuando uno lo auscultaba[3] se le sentían borboritar[4] las lágrimas dentro del corazón.» Pues no sólo había vendido la casa con todo lo que tenía dentro, sino que le pidió a
15   Bayardo San Román que le fuera pagando poco a poco porque no le quedaba ni un baúl de consolación para guardar tanto dinero.

Nadie hubiera pensado, ni lo dijo nadie, que Ángela Vicario no fuera virgen. No se le había conocido ningún novio anterior y había crecido junto con sus hermanas bajo el rigor de una madre
20   de hierro. Aun cuando le faltaban menos de dos meses para casarse, Pura Vicario no permitió que fuera sola con Bayardo San Román a conocer la casa en que iban a vivir, sino que ella y el padre ciego la acompañaron para custodiarle[5] la honra. «Lo único que le rogaba a Dios es que me diera valor para matarme —me
25   dijo Ángela Vicario—. Pero no me lo dio.» Tan aturdida[6] estaba que había resuelto contarle la verdad a su madre para librarse de aquel martirio,[7] cuando sus dos únicas confidentes, que la ayudaban a hacer flores de trapo junto a la ventana, la disuadieron de su buena intención. «Les obedecí a ciegas —me dijo— porque
30   me habían hecho creer que eran expertas en chanchullos[8] de hombres.» Le aseguraron que casi todas las mujeres perdían la virginidad en accidentes de la infancia. Le insistieron en que aun los maridos más difíciles se resignaban a cualquier cosa siempre que nadie lo supiera. La convencieron, en fin, de que la mayoría
35   de los hombres llegaban tan asustados a la noche de bodas, que

---

1 alforjas: *saddlebags*
2 gavillas: *bundles*
3 auscultaba: escuchaba el corazón
4 borboritar: *to bubble*
5 custodiar: proteger, cuidar

6 aturdida: confusa
7 martirio: sufrimiento
8 chanchullos: engaños

eran incapaces de hacer nada sin la ayuda de la mujer, y a la hora de la verdad no podían responder de sus propios actos. «Lo único que creen es lo que vean en la sábana»,[1] le dijeron. De modo que le enseñaron artimañas[2] de comadronas[3] para fingir sus prendas perdidas, y para que pudiera exhibir en su primera mañana de recién casada, abierta al sol en el patio de su casa, la sábana de hilo con la mancha del honor.

Se casó con esa ilusión. Bayardo San Román, por su parte, debió casarse con la ilusión de comprar la felicidad con el peso descomunal[4] de su poder y su fortuna, pues cuanto más aumentaban los planes de la fiesta, más ideas de delirio se le ocurrían para hacerla más grande. Trató de retrasar[5] la boda por un día cuando se anunció la visita del obispo, para que éste los casara, pero Ángela Vicario se opuso. «La verdad —me dijo— es que yo no quería ser bendecida[6] por un hombre que sólo cortaba las crestas para la sopa y botaba en la basura el resto del gallo.» Sin embargo, aun sin la bendición del obispo, la fiesta adquirió una fuerza propia tan difícil de amaestrar, que al mismo Bayardo San Román se le salió de las manos y terminó por ser un acontecimiento público.

El general Petronio San Román y su familia vinieron esta vez en el buque de ceremonias del Congreso Nacional, que permaneció atracado en el muelle hasta el término de la fiesta, y con ellos vinieron muchas gentes ilustres que sin embargo pasaron inadvertidas en el tumulto de caras nuevas. Trajeron tantos regalos, que fue preciso restaurar el local olvidado de la primera planta eléctrica para exhibir los más admirables, y el resto los llevaron de una vez a la antigua casa del viudo de Xius que ya estaba dispuesta para recibir a los recién casados. Al novio le regalaron un automóvil convertible con su nombre grabado en letras góticas bajo el escudo de la fábrica. A la novia le regalaron un estuche[7] de cubiertos de oro puro para veinticuatro invitados. Trajeron además un espectáculo de bailarines, y dos orquestas de valses que desentonaron con las bandas locales, y con las muchas

---

1 sábana: lo que se usa para cubrir la cama
2 artimañas: engaños
3 comadronas: mujeres que ayudan cuando nace un bebé
4 descomunal: enorme
5 retrasar: posponer

6 bendecida: *blessed*
7 estuche: caja

papayeras y grupos de acordeones que venían alborotados por la bulla de la parranda.

La familia Vicario vivía en una casa modesta, con paredes de ladrillos y un techo de palma rematado por dos buhardas donde se metían a empollar las golondrinas en enero. Tenía en el frente una terraza ocupada casi por completo con macetas de flores, y un patio grande con gallinas sueltas y árboles frutales. En el fondo del patio, los gemelos tenían un criadero de cerdos,[1] con su piedra de sacrificios y su mesa de destazar,[2] que fue una buena fuente de recursos domésticos desde que a Poncio Vicario se le acabó la vista. El negocio lo había empezado Pedro Vicario, pero cuando éste se fue al servicio militar, su hermano gemelo aprendió también el oficio de matarife.

El interior de la casa alcanzaba apenas para vivir. Por eso las hermanas mayores trataron de pedir una casa prestada cuando se dieron cuenta del tamaño de la fiesta. «Imagínate —me dijo Ángela Vicario—: habían pensado en la casa de Plácida Linero, pero por fortuna mis padres se emperraron[3] con el tema de siempre de que nuestras hijas se casan en nuestro chiquero,[4] o no se casan.» Así que pintaron la casa de su color amarillo original, enderezaron las puertas y compusieron los pisos, y la dejaron tan digna como fue posible para una boda de tanto estruendo. Los gemelos se llevaron los cerdos para otra parte y sanearon la porqueriza con cal viva, pero aun así se vio que iba a faltar espacio. Al final, por diligencias de Bayardo San Román, tumbaron las cercas del patio, pidieron prestadas para bailar las casas contiguas, y pusieron mesones de carpinteros para sentarse a comer bajo la fronda de los tamarindos.

El único sobresalto[5] imprevisto lo causó el novio en la mañana de la boda, pues llegó a buscar a Ángela Vicario con dos horas de retraso, y ella se había negado a vestirse de novia mientras no lo viera en la casa. «Imagínate —me dijo—: hasta me hubiera alegrado de que no llegara, pero nunca que me dejara vestida.» Su cautela[6] pareció natural, porque no había un percance[7] público más vergonzoso para una mujer que quedarse

---

1 criadero de cerdos: *pigsty*
2 destazar: hacer pedazos
3 se emperraron: eran obstinados; insistieron
4 chiquero: *pigsty*
5 sobresalto: susto
6 cautela: cuidado
7 percance: desgracia

plantada con el vestido de novia. En cambio, el hecho de que Ángela Vicario se atreviera a ponerse el velo[1] y los azahares[2] sin ser virgen, había de ser interpretado después como una profanación de los símbolos de la pureza. Mi madre fue la única que apreció como un acto de valor el que hubiera jugado sus cartas marcadas hasta las últimas consecuencias. «En aquel tiempo —me explicó—, Dios entendía esas cosas.» Por el contrario, nadie ha sabido todavía con qué cartas jugó Bayardo San Román. Desde que apareció por fin de levita[3] y chistera,[4] hasta que se fugó del baile con la criatura de sus tormentos, fue la imagen perfecta del novio feliz.

Tampoco se supo nunca con qué cartas jugó Santiago Nasar. Yo estuve con él todo el tiempo, en la iglesia y en la fiesta, junto con Cristo Bedoya y mi hermano Luis Enrique, y ninguno de nosotros vislumbró[5] el menor cambio en su modo de ser. He tenido que repetir esto muchas veces, pues los cuatro habíamos crecido juntos en la escuela y luego en la misma pandilla[6] de vacaciones, y nadie podía creer que tuviéramos un secreto sin compartir, y menos un secreto tan grande.

Santiago Nasar era un hombre de fiestas, y su gozo mayor lo tuvo la víspera[7] de su muerte, calculando los costos de la boda. En la iglesia estimó que habían puesto adornos florales por un valor igual al de catorce entierros de primera clase. Esa precisión había de perseguirme durante muchos años, pues Santiago Nasar me había dicho a menudo que el olor de las flores encerradas tenía para él una relación inmediata con la muerte, y aquel día me lo repitió al entrar en el templo. «No quiero flores en mi entierro», me dijo, sin pensar que yo había de ocuparme al día siguiente de que no las hubiera. En el trayecto de la iglesia a la casa de los Vicario sacó la cuenta de las guirnaldas de colores con que adornaron las calles, calculó el precio de la música y los cohetes, y hasta de la granizada de arroz crudo con que nos recibieron en la fiesta. En el sopor del medio día los recién casados hicieron la ronda del patio. Bayardo San Román se había hecho muy amigo nuestro, amigo de tragos,[8] como se decía entonces, y parecía muy

---

1 velo: *wedding veil*
2 azahares: flores del naranjo, tradicional para las bodas
3 levita: chaqueta formal
4 chistera: sombrero formal

5 vislumbró: vio, pero no muy claramente
6 pandilla: grupo de personas
7 víspera: el día o la noche anterior
8 tragos: bebidas alcohólicas

a gusto en nuestra mesa. Ángela Vicario, sin el velo y la corona y con el vestido de raso[1] ensopado[2] de sudor,[3] había asumido de pronto su cara de mujer casada. Santiago Nasar calculaba, y se lo dijo a Bayardo San Román, que la boda iba costando hasta ese momento unos nueve mil pesos. Fue evidente que ella lo entendió como una impertinencia. «Mi madre me había enseñado que nunca se debe hablar de plata[4] delante de la otra gente», me dijo. Bayardo San Román, en cambio, lo recibió de muy buen talante[5] y hasta con una cierta jactancia.[6]

—Casi —dijo—, pero apenas estamos empezando. Al final será más o menos el doble.

Santiago Nasar se propuso comprobarlo[7] hasta el último céntimo, y la vida le alcanzó justo.[8] En efecto, con los datos finales que Cristo Bedoya le dio al día siguiente en el puerto, 45 minutos antes de morir, comprobó que el pronóstico de Bayardo San Román había sido exacto.

Yo conservaba un recuerdo muy confuso de la fiesta antes de que hubiera decidido rescatarla[9] a pedazos de la memoria ajena. Durante años se siguió hablando en mi casa de que mi padre había vuelto a tocar el violín de su juventud en honor de los recién casados, que mi hermana la monja bailó un merengue con su hábito de tornera, y que el doctor Dionisio Iguarán, que era primo hermano de mi madre, consiguió que se lo llevaran en el buque oficial para no estar aquí al día siguiente cuando viniera el obispo. En el curso de las indagaciones[10] para esta crónica recobré numerosas vivencias[11] marginales, y entre ellas el recuerdo de gracia de las hermanas de Bayardo San Román, cuyos vestidos de terciopelo[12] con grandes alas de mariposas, prendidas con pinzas de oro en la espalda, llamaron más la atención que el penacho de plumas y la coraza de medallas de guerra de su padre. Muchos sabían que en la inconsciencia de la parranda le propuse a Mercedes Barcha que se casara conmigo, cuando apenas había

---

1 raso: *satin*
2 ensopado: mojado
3 sudor: el agua que sale por los poros del cuerpo cuando hace calor
4 plata: dinero
5 talante: humor
6 jactancia: vanidad, altanería (bragging)
7 comprobar: confirmar, verificar

8 alcanzó justo: apenas duró lo suficiente
9 rescatar: salvar
10 indagaciones: investigaciones
11 vivencias: experiencias
12 terciopelo: *velvet*

terminado la escuela primaria, tal como ella misma me lo recordó cuando nos casamos catorce años después. La imagen más intensa que siempre conservé de aquel domingo indeseable fue la del viejo Poncio Vicario sentado solo en un taburete en el centro del patio. Lo habían puesto ahí pensando quizás que era el sitio de honor, y los invitados tropezaban con él, lo confundían con otro, lo cambiaban de lugar para que no estorbara, y él movía la cabeza nevada hacia todos lados con una expresión errática de ciego demasiado reciente, contestando preguntas que no eran para él y respondiendo saludos fugaces que nadie le hacía, feliz en su cerco de olvido, con la camisa acartonada[1] de engrudo y el bastón de guayacán que le habían comprado para la fiesta.

El acto formal terminó a las seis de la tarde cuando se despidieron los invitados de honor. El buque se fue con las luces encendidas y dejando un reguero de valses de pianola, y por un instante quedamos a la deriva[2] sobre un abismo de incertidumbre, hasta que volvimos a reconocernos unos a otros y nos hundimos en el manglar[3] de la parranda. Los recién casados aparecieron poco después en el automóvil descubierto, abriéndose paso a duras penas en el tumulto. Bayardo San Román reventó cohetes,[4] tomó aguardiente[5] de las botellas que le tendía la muchedumbre, y se bajó del coche con Ángela Vicario para meterse en la rueda de la cumbiamba.[6] Por último ordenó que siguiéramos bailando por cuenta suya hasta donde nos alcanzara la vida, y se llevó a la esposa aterrorizada para la casa de sus sueños donde el viudo de Xius había sido feliz.

La parranda pública se dispersó en fragmentos hacia la media noche, y sólo quedó abierto el negocio de Clotilde Armenta a un costado de la plaza. Santiago Nasar y yo, con mi hermano Luis Enrique y Cristo Bedoya, nos fuimos para la casa de misericordias de María Alejandrina Cervantes. Por allí pasaron entre muchos otros los hermanos Vicario, y estuvieron bebiendo con nosotros y cantando con Santiago Nasar cinco horas antes de matarlo. Debían quedar aún algunos rescoldos[7] desperdigados de la fiesta original, pues de todos lados nos llegaban ráfagas de

---

1 acartonada: rígida
2 a la deriva: flotando por el mar; desorientado
3 manglar: confusión, desorden
4 cohetes: fuegos artificiales
5 aguardiente: bebida alcohólica
6 cumbiamba: tipo de baile
7 rescoldos: *embers*

música y pleitos¹ remotos, y nos siguieron llegando, cada vez más tristes, hasta muy poco antes de que bramara el buque del obispo.

Pura Vicario le contó a mi madre que se había acostado a las once de la noche después de que las hijas mayores la ayudaron a
5   poner un poco de orden en los estragos² de la boda. Como a las diez, cuando todavía quedaban algunos borrachos cantando en el patio, Ángela Vicario había mandado a pedir una maletita de cosas personales que estaba en el ropero de su dormitorio, y ella quiso mandarle también una maleta con ropa de diario, pero el
10   recadero³ estaba de prisa. Se había dormido a fondo cuando tocaron a la puerta. «Fueron tres toques muy despacio —le contó a mi madre—, pero tenían esa cosa rara de las malas noticias.» Le contó que había abierto la puerta sin encender la luz para no despertar a nadie, y vio a Bayardo San Román en el resplandor del
15   farol público, con la camisa de seda sin abotonar y los pantalones de fantasía sostenidos con tirantes⁴ elásticos. «Tenía ese color verde de los sueños», le dijo Pura Vicario a mi madre. Ángela Vicario estaba en la sombra, de modo que sólo la vio cuando Bayardo San Román la agarró por el brazo y la puso en la luz.
20   Llevaba el traje de raso en piltrafas⁵ y estaba envuelta con una toalla hasta la cintura. Pura Vicario creyó que se habían desbarrancado⁶ con el automóvil y estaban muertos en el fondo del precipicio.

—Ave María Purísima —dijo aterrada—. Contesten si
25   todavía son de este mundo.

Bayardo San Román no entró, sino que empujó con suavidad a su esposa hacia el interior de la casa, sin decir una palabra. Después besó a Pura Vicario en la mejilla y le habló con una voz de muy hondo desaliento⁷ pero con mucha ternura.

30   —Gracias por todo, madre —le dijo—. Usted es una santa.

Sólo Pura Vicario supo lo que hizo en las dos horas siguientes, y se fue a la muerte con su secreto. «Lo único que recuerdo es que me sostenía por el pelo con una mano y me golpeaba con la otra con tanta rabia que pensé que me iba a
35   matar», me contó Ángela Vicario. Pero hasta eso lo hizo con

---

1 pleitos: luchas
2 estragos: daños
3 recadero: una persona que trae un mensaje
4 tirantes: *suspenders*

5 piltrafas: *shreds*
6 desbarrancado: salido del camino y caído al precipicio
7 desaliento: tristeza, desilusión

tanto sigilo,[1] que su marido y sus hijas mayores, dormidos en los otros cuartos, no se enteraron de nada hasta el amanecer cuando ya estaba consumado el desastre.

Los gemelos volvieron a la casa un poco antes de las tres, llamados de urgencia por su madre. Encontraron a Ángela Vicario tumbada bocabajo en un sofá del comedor y con la cara macerada[2] a golpes, pero había terminado de llorar. «Ya no estaba asustada —me dijo—. Al contrario: sentía como si por fin me hubiera quitado de encima la conduerma[3] de la muerte, y lo único que quería era que todo terminara rápido para tirarme a dormir.» Pedro Vicario, el más resuelto de los hermanos, la levantó en vilo[4] por la cintura y la sentó en la mesa del comedor.

—Anda, niña —le dijo temblando de rabia—: dinos quién fue.

Ella se demoró[5] apenas el tiempo necesario para decir el nombre. Lo buscó en las tinieblas,[6] lo encontró a primera vista entre los tantos y tantos nombres confundibles de este mundo y del otro, y lo dejó clavado[7] en la pared con su dardo certero,[8] como a una mariposa[9] sin albedrío cuya sentencia estaba escrita desde siempre.

—Santiago Nasar —dijo.

---

1 sigilo: silencio
2 macerada: dañada
3 conduerma: el estado de tener sueño
4 en vilo: suspendido
5 demoró: esperó, retrasó
6 tinieblas: oscuridad, sombra
7 clavado: *nailed*
8 dardo certero: *well-aimed dart*
9 mariposa: insecto con alas bellas

Capítulo 2

A. Preguntas de comprensión

1. ¿Cómo es Bayardo San Román? ¿Por qué es tan misterioso?

2. ¿Cómo cambia la opinión de la madre de García Márquez con respecto a Bayardo?

3. ¿Cómo llegan a conocerse Bayardo y Ángela? ¿Cuál es la primera reacción de ella al conocerlo?

4. Describe brevemente a la familia de Ángela Vicario:
   a. Purísima b. Poncio c. los gemelos d. Ángela

5. Según Pura, ¿por qué serían esposas perfectas sus hijas? ¿Qué concepto del matrimonio se refleja aquí?

6. Describe el carácter de Ángela. ¿Qué frase emplea Santiago Nasar para referirse a ella?

7. Describe a la familia de Bayardo San Román.

8. ¿Qué objeción presenta Ángela para no casarse con Bayardo? ¿Cómo responde su madre? ¿Estás de acuerdo?

9. ¿Cómo se porta Bayardo con respecto a la compra de la casa del viudo de Xius? ¿Qué nos revela esto de su carácter? ¿Por qué no quiso el viudo vender la casa?

10. Ángela quiere contarle a Pura de su falta de virginidad. ¿Por qué no lo hace?

11. ¿Con qué ilusiones respectivas se casan Bayardo y Ángela?

12. ¿Por qué no quiere Ángela que el obispo la case con Bayardo?

13. La mañana de la boda, ¿por qué no quiere Ángela vestirse de novia? ¿Qué preocupación se refleja aquí?

14. ¿Cómo reacciona la gente del pueblo al hecho de que Ángela se viste de blanco, de novia tradicional?

15. ¿Qué indicación se presenta de la inocencia de Santiago Nasar?

16. ¿Qué aspecto de la boda le fascina más a Santiago Nasar?

17. ¿Qué ironía se encuentra en la reacción de Santiago a las flores de la boda?

18. ¿Qué recuerdos de la boda conserva García Márquez? ¿Quién es Mercedes Barcha? ¿Qué detalle personal nos revela el autor en este capítulo?

19. ¿Quién es Luis Enrique? ¿Y María Alejandrina Cervantes?

20. ¿Cómo reacciona Pura a la devolución de Ángela? ¿Cuál es la gran preocupación de los gemelos?

B. Preguntas de pensamiento y discusión

1. ¿Qué palabras emplearías para describir a Bayardo San Román? ¿Qué te parece? ¿En qué se basan tus impresiones de este personaje?

2. La frase «qué dirá la gente» se refiere a la preocupación por las apariencias, por las opiniones de la sociedad. Busca ejemplos del «qué dirán» o de la hipocresía en la familia Vicario. (Considera el carácter del luto por la hija muerta y la descripción de Pura.) ¿Cuál es la impresión que tenemos de Pura como madre? (También nota el uso de nombres significativos.)

3. ¿Qué impresión tenemos de Ángela? (Toma en cuenta las opiniones de Santiago, de García Márquez, y las reacciones de Ángela misma.)

4. La casa de María Alejandrina Cervantes es un burdel (casa de prostitutas) del cual ella es la «Señora.» El uso de la frase «casa de misericordias» para describir la casa puede parecer, a primera vista, sarcástico. ¿Es posible que no lo sea? (Busca más evidencia en los capítulos que siguen.)

5. Después de la boda, Santiago Nasar, García Márquez y varios amigos van a la casa de María Alejandrina Cervantes para seguir con la parranda. ¿Cuál es la ironía en esta escena? Comenta sobre la ironía en los dos primeros capítulos.

6. Ángela Vicario reacciona con cierto alivio al ser devuelta por Bayardo. Explica.

7. Cuando Ángela les revela el nombre del «culpable» a sus hermanos, ¿tienes la impresión de que ella miente o dice la verdad? Explica.

47

C. Ensayo

En la obra de muchos autores españoles y latinoamericanos se encuentra el tema del honor, o la honra tan importante en la cultura hispana. García Márquez (al igual que García Lorca) muestra con frecuencia un aspecto de este tema: el honor falso o la hipocresía de las apariencias. Es el honor hipócrita que se basa en el «qué dirá la gente» o la preocupación por las apariencias. En un ensayo bien organizado, comenta sobre este concepto del honor en términos de Pura Vicario.

D. Diálogos

1. Cuando Ángela presenta la falta de amor como motivo para no casarse con Bayardo, Pura responde que «También el amor se aprende.» El concepto del matrimonio concertado (arreglado) nos parece muy extraño, pero en otras culturas se acepta. Algunos debaten que funciona mejor que nuestros matrimonios por amor, que muchas veces terminan en divorcio. Con unos compañeros, presenta un debate. Un grupo debe presentar los méritos del matrimonio por amor, y el otro, los méritos del matrimonio concertado.

2. Con un compañero, presenta un diálogo entre una joven, o un joven, y su padre o madre. El padre o la madre insiste en que el hijo (la hija) se case con cierta persona, y el (la) joven no quiere hacerlo.

Capítulo 3

Personajes nuevos

Faustino Santos carnicero, amigo de Santiago Nasar

Leandro Pornoy un policía

Hortensia Baute una vecina de Santiago Nasar

Prudencia Cotes novia de Pablo Vicario

Vocabulario 3

amenazar decirle a alguien que se le hará daño; presentar un peligro; **la amenaza** acción de amenazar

apagar extinguir un fuego o una luz; **apagado** extinguido, muerto

arrepentimiento pena por haber hecho algo malo; sentimiento de culpa

arriesgar poner en peligro

asunto cuestión; problema; tema

compromiso obligación, un deber; problema, dificultad o peligro; noviazgo o promesa de matrimonio

desdicha tristeza

desilusión la pérdida de una esperanza o una ilusión

impedir no permitir que pase algo; estorbar

indigno vergonzoso; que no merece un beneficio

juntar unir; poner en contacto dos cosas; lo contrario de separar

propósito objetivo, lo que uno quiere hacer; **a propósito** con intención, no por accidente; *by the way*

sanar curar una enfermedad

tierno cariñoso, lleno de ternura

Antes de leer

A. Vocabulario

Completa la frase con la palabra apropiada de la lista de vocabulario.

1. Por medio de las entrevistas, García Márquez trata de

   _____ los diversos recuerdos de varias personas para

   formar una imagen completa del asesinato de Santiago

   Nasar.

2. Según García Márquez, María Alejandrina Cervantes es una

   mujer cariñosa y _____.

3. Los gemelos esperaban a Santiago Nasar en el sitio

   equivocado. No fue por error, sino a _____.

4. Los gemelos no creían que Santiago Nasar estuviera en casa

   porque las luces de su dormitorio estaban _____.

5. Los gemelos no quieren matar a Santiago Nasar, sino que se

   ven obligados a hacerlo. El asesinato es un

   _____ muy desagradable para los gemelos.

6. El alcalde Lázaro Aponte debe proteger a Santiago Nasar

   pero en realidad no hace nada para _____ el

   asesinato.

7. Mucha gente sabía que los gemelos iban a matar a Santiago pero no le previnieron. Estas personas debieron de sentirse

_____ de sí mismas al oír de la muerte de Santiago.

8. Santiago Nasar no se dio cuenta de que los gemelos

_____ su vida.

9. Perder a su hijo fue la _____ más grave de la vida de Plácida Linero.

10. El asesinato de Santiago se consideraba un

_____ de honor.

B. Expresión personal

1. En tu opinión, ¿cuál es la amenaza más grave de nuestra época?
2. ¿Cuándo has sentido gran arrepentimiento en tu vida?
3. Describe un incidente que te ha hecho sufrir o un incidente en el que has causado gran desilusión a otros.
4. En tu opinión, ¿cuál es la desdicha más profunda que pueda pasarle a una persona?
5. ¿Podrías arriesgar tu propia vida por la vida de otra persona? ¿Por quién lo harías?

CAPÍTULO 3

El abogado sustentó la tesis del homicidio en legítima defensa del honor, que fue admitida por el tribunal de conciencia,[1] y los gemelos declararon al final del juicio que hubieran vuelto a hacerlo mil veces por los mismos motivos. Fueron ellos quienes vislumbraron[2] el recurso de la defensa desde que se rindieron[3] ante su iglesia pocos minutos después del crimen. Irrumpieron[4] jadeando[5] en la Casa Cural, perseguidos de cerca por un grupo de árabes enardecidos,[6] y pusieron los cuchillos con el acero[7] limpio en la mesa del padre Amador. Ambos estaban exhaustos por el trabajo bárbaro de la muerte, y tenían la ropa y los brazos empapados[8] y la cara embadurnada[9] de sudor y de sangre todavía viva, pero el párroco[10] recordaba la rendición[11] como un acto de una gran dignidad.

—Lo matamos a conciencia —dijo Pedro Vicario—, pero somos inocentes.

—Tal vez ante Dios —dijo el padre Amador.

—Ante Dios y ante los hombres —dijo Pablo Vicario—. Fue un asunto de honor.

Más aún: en la reconstrucción de los hechos fingieron un encarnizamiento[12] mucho más inclemente[13] que el de la realidad, hasta el extremo de que fue necesario reparar con fondos públicos la puerta principal de la casa de Plácida Linero, que quedó desportillada[14] a punta de cuchillo. En el panóptico[15] de Riohacha, donde estuvieron tres años en espera del juicio[16]

---

1 de conciencia: de buena fe
2 vislumbraron: vieron pero no muy claramente
3 se rindieron: se entregaron (*surrendered*)
4 irrumpieron: entraron con fuerza
5 jadeando: *panting*
6 enardecidos: enojados
7 acero: *steel blade*
8 empapados: mojados
9 embadurnada: *smeared*
10 párroco: cura, que dirige una parroquia o iglesia
11 rendición: acción de rendirse (*surrender*)
12 encarnizamiento: crueldad
13 inclemente: sin compasión
14 desportillada: *chipped*
15 panóptico: clase de cárcel
16 juicio: proceso legal

porque no tenían con qué pagar la fianza[1] para la libertad condicional, los reclusos[2] más antiguos los recordaban por su buen carácter y su espíritu social, pero nunca advirtieron en ellos ningún indicio de arrepentimiento. Sin embargo, la reali-
5   dad parecía ser que los hermanos Vicario no hicieron nada de lo que convenía[3] para matar a Santiago Nasar de inmediato y sin espectáculo público, sino que hicieron mucho más de lo que era imaginable para que alguien les impidiera matarlo, y no lo consiguieron.

10   Según me dijeron años después, habían empezado por buscarlo en la casa de María Alejandrina Cervantes, donde estuvieron con él hasta las dos. Este dato, como muchos otros, no fue registrado en el sumario. En realidad, Santiago Nasar ya no estaba ahí a la hora en que los gemelos dicen que fueron a buscarlo,
15 pues habíamos salido a hacer una ronda de serenatas, pero en todo caso no era cierto que hubieran ido. «Jamás habrían vuelto a salir de aquí», me dijo María Alejandrina Cervantes, y conociéndola tan bien, nunca lo puse en duda. En cambio, lo fueron a esperar en la casa de Clotilde Armenta, por donde sabían que iba
20 a pasar medio mundo menos Santiago Nasar. «Era el único lugar abierto», declararon al instructor. «Tarde o temprano tenía que salir por ahí», me dijeron a mí, después de que fueron absueltos.[4] Sin embargo, cualquiera sabía que la puerta principal de la casa de Plácida Linero permanecía trancada[5] por dentro, inclusive
25 durante el día, y que Santiago Nasar llevaba siempre consigo las llaves de la entrada posterior. Por allí entró de regreso a su casa, en efecto, cuando hacía más de una hora que los gemelos Vicario lo esperaban por el otro lado, y si después salió por la puerta de la plaza cuando iba a recibir al obispo fue por una razón tan
30 imprevista[6] que el mismo instructor del sumario no acabó de entenderla.

       Nunca hubo una muerte más anunciada. Después de que la hermana les reveló el nombre, los gemelos Vicario pasaron por el depósito[7] de la pocilga,[8] donde guardaban los útiles[9] de sacrificio,

---

1 fianza: *bail*
2 reclusos: presos, prisioneros
3 convenía: era conveniente
4 absueltos: perdonados; librados de culpa
5 trancada: cerrada con llave
6 imprevista: inesperada, que ocurre por sorpresa
7 depósito: *bin*
8 pocilga: donde se guardan los cerdos
9 útiles: herramientas *(tools)*

y escogieron los dos cuchillos mejores: uno de descuartizar,[1] de diez pulgadas[2] de largo por dos y media de ancho, y otro de limpiar, de siete pulgadas de largo por una y media de ancho. Los envolvieron en un trapo, y se fueron a afilarlos[3] en el mercado de
5   carnes, donde apenas empezaban a abrir algunos expendios.[4] Los primeros clientes eran escasos, pero veintidós personas declararon haber oído cuanto dijeron, y todas coincidían en la impresión de que lo habían dicho con el único propósito de que los oyeran. Faustino Santos, un carnicero amigo, los vio entrar a
10 las 3.20 cuando acababa de abrir su mesa de vísceras, y no entendió por qué llegaban el lunes y tan temprano, y todavía con los vestidos de paño oscuro de la boda. Estaba acostumbrado a verlos los viernes, pero un poco más tarde, y con los delantales de cuero[5] que se ponían para la matanza. «Pensé que estaban tan
15 borrachos —me dijo Faustino Santos—, que no sólo se habían equivocado de hora sino también de fecha.» Les recordó que era lunes.

—Quién no lo sabe, pendejo[6] —le contestó de buen modo Pablo Vicario—. Sólo venimos a afilar los cuchillos.

20 Los afilaron en la piedra giratoria, y como lo hacían siempre: Pedro sosteniendo los dos cuchillos y alternándolos en la piedra, y Pablo dándole vuelta a la manivela. Al mismo tiempo hablaban del esplendor de la boda con los otros carniceros. Algunos se quejaron de no haber recibido su ración de pastel, a pesar de ser com-
25 pañeros de oficio, y ellos les prometieron que las harían mandar más tarde. Al final, hicieron cantar los cuchillos en la piedra, y Pablo puso el suyo junto a la lámpara para que destellara[7] el acero.

—Vamos a matar a Santiago Nasar —dijo.

30 Tenían tan bien fundada su reputación de gente buena, que nadie les hizo caso. «Pensamos que eran vainas[8] de borrachos», declararon varios carniceros, lo mismo que Victoria Guzmán y tantos otros que los vieron después. Yo había de preguntarles alguna vez a los carniceros si el oficio de matarife no revelaba un
35 alma predispuesta para matar un ser humano. Protestaron:

---

1 descuartizar: cortar en cuatro pedazos
2 pulgadas: *inches*
3 afilarlos: hacerlos más afilados
4 expendios: *stalls*
5 delantales de cuero: *leather aprons*
6 pendejo: tonto; estúpido
7 destellara: brillara
8 vainas: tonterías

«Cuando uno sacrifica una res no se atreve a mirarle los ojos.» Uno de ellos me dijo que no podía comer la carne del animal que degollaba.[1] Otro me dijo que no sería capaz de sacrificar una vaca que hubiera conocido antes, y menos si había tomado su leche. Les recordé que los hermanos Vicario sacrificaban los mismos cerdos que criaban, y les eran tan familiares que los distinguían por sus nombres. «Es cierto —me replicó uno—, pero fíjese que no les ponían nombres de gente sino de flores.» Faustino Santos fue el único que percibió una lumbre de verdad en la amenaza de Pablo Vicario, y le preguntó en broma por qué tenían que matar a Santiago Nasar habiendo tantos ricos que merecían morir primero.

—Santiago Nasar sabe por qué —le contestó Pedro Vicario.

Faustino Santos me contó que se había quedado con la duda, y se la comunicó a un agente de la policía que pasó poco más tarde a comprar una libra[2] de hígado[3] para el desayuno del alcalde. El agente, de acuerdo con el sumario, se llamaba Leandro Pornoy, y murió el año siguiente por una cornada de toro[4] en la yugular[5] durante las fiestas patronales. De modo que nunca pude hablar con él, pero Clotilde Armenta me confirmó que fue la primera persona que estuvo en su tienda cuando ya los gemelos Vicario se habían sentado a esperar.

Clotilde Armenta acababa de reemplazar a su marido en el mostrador. Era el sistema habitual. La tienda vendía leche al amanecer y víveres[6] durante el día, y se transformaba en cantina desde las seis de la tarde. Clotilde Armenta la abría a las 3.30 de la madrugada. Su marido, el buen don Rogelio de la Flor, se hacía cargo de la cantina hasta la hora de cerrar. Pero aquella noche hubo tantos clientes descarriados[7] de la boda, que se acostó pasadas las tres sin haber cerrado, y ya Clotilde Armenta estaba levantada más temprano que de costumbre, porque quería terminar antes de que llegara el obispo.

Los hermanos Vicario entraron a las 4.10. A esa hora sólo se vendían cosas de comer, pero Clotilde Armenta les vendió una

---

1 degollaba: cortaba el cuello
2 libra: *pound*
3 hígado: *liver*
4 cornada de toro: *goring or attack by a bull*
5 yugular: las venas del cuello

6 víveres: comestibles, comida
7 descarriados: *stray*

botella de aguardiente de caña,[1] no sólo por el aprecio que les tenía, sino también porque estaba muy agradecida por la porción de pastel de boda que le habían mandado. Se bebieron la botella entera con dos largas tragantadas,[2] pero siguieron impávidos.[3]

5 «Estaban pasmados[4] —me dijo Clotilde Armenta—, y ya no podían levantar presión ni con petróleo de lámpara.» Luego se quitaron las chaquetas de paño, las colgaron con mucho cuidado en el espaldar de las sillas, y pidieron otra botella. Tenían la camisa sucia de sudor seco y una barba del día anterior que les

10 daba un aspecto montuno. La segunda botella se la tomaron más despacio, sentados, mirando con insistencia hacia la casa de Plácida Linero, en la acera de enfrente, cuyas ventanas estaban apagadas. La más grande del balcón era la del dormitorio de Santiago Nasar. Pedro Vicario le preguntó a Clotilde Armenta si

15 había visto luz en esa ventana, y ella le contestó que no, pero le pareció un interés extraño.

—¿Le pasó algo? —preguntó.

—Nada —le contestó Pedro Vicario—. No más que lo andamos buscando para matarlo.

20 Fue una respuesta tan espontánea que ella no pudo creer que fuera cierta. Pero se fijó en que los gemelos llevaban dos cuchillos de matarife envueltos en trapos de cocina.

—¿Y se puede saber por qué quieren matarlo tan temprano? —preguntó.

25 —Él sabe por qué —contestó Pedro Vicario.

Clotilde Armenta los examinó en serio. Los conocía tan bien que podía distinguirlos,[5] sobre todo después de que Pedro Vicario regresó del cuartel.[6] «Parecían dos niños», me dijo. Y esa reflexión la asustó, pues siempre había pensado que sólo los niños

30 son capaces de todo. Así que acabó de preparar los trastos[7] de la leche, y se fue a despertar a su marido para contarle lo que estaba pasando en la tienda. Don Rogelio de la Flor la escuchó medio dormido.

—No seas pendeja —le dijo—, ésos no matan a nadie, y

35 menos a un rico.

---

1 aguardiente de caña: bebida alcohólica hecha de la caña de azúcar

2 tragantadas: *swigs*

3 impávidos: serenos

4 pasmados: asombrados

5 distinguirlos: saber quién es quién

6 cuartel: edificio donde viven los soldados

7 trastos: utensilios; cosas que se usan para hacer algo

Cuando Clotilde Armenta volvió a la tienda los gemelos estaban conversando con el agente Leandro Pornoy, que iba por la leche del alcalde. No oyó lo que hablaron, pero supuso que algo le habían dicho de sus propósitos, por la forma en que observó los cuchillos al salir.

El coronel Lázaro Aponte se había levantado un poco antes de las cuatro. Acababa de afeitarse cuando el agente Leandro Pornoy le reveló las intenciones de los hermanos Vicario. Había resuelto tantos pleitos[1] de amigos la noche anterior, que no se dio ninguna prisa por uno más. Se vistió con calma, se hizo varias veces hasta que le quedó perfecto el corbatín de mariposa, y se colgó en el cuello el escapulario[2] de la Congregación de María para recibir al obispo. Mientras desayunaba con un guiso de hígado cubierto de anillos de cebolla, su esposa le contó muy excitada que Bayardo San Román había devuelto a Ángela Vicario, pero él no lo tomó con igual dramatismo.

—¡Dios mío! —se burló—, ¿qué va a pensar el obispo?

Sin embargo, antes de terminar el desayuno recordó lo que acababa de decirle el ordenanza,[3] juntó las dos noticias y descubrió de inmediato que casaban exactas como dos piezas de un acertijo.[4] Entonces fue a la plaza por la calle del puerto nuevo, cuyas casas empezaban a revivir por la llegada del obispo. «Recuerdo con seguridad que eran casi las cinco y empezaba a llover», me dijo el coronel Lázaro Aponte. En el trayecto,[5] tres personas lo detuvieron para contarle en secreto que los hermanos Vicario estaban esperando a Santiago Nasar para matarlo, pero sólo uno supo decirle dónde.

Los encontró en la tienda de Clotilde Armenta. «Cuando los vi pensé que eran puras bravuconadas[6] —me dijo con su lógica personal—, porque no estaban tan borrachos como yo creía.» Ni siquiera los interrogó sobre sus intenciones, sino que les quitó los cuchillos y los mandó a dormir. Los trataba con la misma complacencia[7] de sí mismo con que había sorteado[8] la alarma de la esposa.

---

1 pleitos: luchas, peleas
2 escapulario: objeto devoto (religious medal)
3 ordenanza: soldado; asistente
4 acertijo: puzzle
5 trayecto: camino

6 bravuconadas: bluffs, boasts
7 complacencia: satisfacción
8 sorteado: dodged

—¡Imagínense —les dijo—: qué va a decir el obispo si los encuentra en ese estado!

Ellos se fueron. Clotilde Armenta sufrió una desilusión más con la ligereza[1] del alcalde, pues pensaba que debía arrestar a los gemelos hasta esclarecer[2] la verdad. El coronel Aponte le mostró los cuchillos como un argumento final.

—Ya no tienen con qué matar a nadie —dijo.

—No es por eso —dijo Clotilde Armenta—. Es para librar a esos pobres muchachos del horrible compromiso que les ha caído encima.

Pues ella lo había intuido. Tenía la certidumbre de que los hermanos Vicario no estaban tan ansiosos por cumplir la sentencia como por encontrar a alguien que les hiciera el favor de impedírselo. Pero el coronel Aponte estaba en paz con su alma.

—No se detiene a nadie por sospechas —dijo—. Ahora es cuestión de prevenir a Santiago Nasar, y feliz año nuevo.

Clotilde Armenta recordaría siempre que el talante[3] rechoncho[4] del coronel Aponte le causaba una cierta desdicha, y en cambio yo lo evocaba como un hombre feliz, aunque un poco trastornado[5] por la práctica solitaria del espiritismo aprendido por correo. Su comportamiento[6] de aquel lunes fue la prueba terminante[7] de su frivolidad. La verdad es que no volvió a acordarse de Santiago Nasar hasta que lo vio en el puerto, y entonces se felicitó por haber tomado la decisión justa.

Los hermanos Vicario les habían contado sus propósitos a más de doce personas que fueron a comprar leche, y éstas los habían divulgado[8] por todas partes antes de las seis. A Clotilde Armenta le parecía imposible que no se supiera en la casa de enfrente. Pensaba que Santiago Nasar no estaba allí, pues no había visto encenderse la luz del dormitorio, y a todo el que pudo le pidió prevenirlo donde lo vieran. Se lo mandó a decir, inclusive, al padre Amador, con la novicia de servicio que fue a comprar la leche para las monjas. Después de las cuatro, cuando vio luces en la cocina de la casa de Plácida Linero, le mandó el último recado[9]

---

1 ligereza: falta de pensamiento; superficialidad:

2 esclarecer: hacer claro

3 talante: apariencia

4 rechoncho: gordo

5 trastornado: desordenado, desorganizado

6 comportamiento: manera de portarse *(behavior)*

7 prueba terminante: *final proof*

8 divulgado: revelado

9 recado: mensaje *(message)*

urgente a Victoria Guzmán con la pordiosera¹ que iba todos los días a pedir un poco de leche por caridad. Cuando bramó el buque del obispo casi todo el mundo estaba despierto para recibirlo, y éramos muy pocos quienes no sabíamos que los geme-

5   los Vicario estaban esperando a Santiago Nasar para matarlo, y se conocía además el motivo con sus pormenores completos.

Clotilde Armenta no había acabado de vender la leche cuando volvieron los hermanos Vicario con otros dos cuchillos envueltos en periódicos. Uno era de descuartizar, con una hoja² oxida-

10   da³ y dura de doce pulgadas de largo por tres de ancho, que había sido fabricado por Pedro Vicario con el metal de una segueta,⁴ en una época en que no venían cuchillos alemanes por causa de la guerra. El otro era más corto, pero ancho y curvo. El juez instructor lo dibujó en el sumario, tal vez porque no lo pudo describir, y

15   se arriesgó apenas a indicar que parecía un alfanje⁵ en miniatura. Fue con estos cuchillos que se cometió el crimen, y ambos eran rudimentarios y muy usados.

Faustino Santos no pudo entender lo que había pasado. «Vinieron a afilar otra vez los cuchillos —me dijo— y volvieron a

20   gritar para que los oyeran que iban a sacarle las tripas⁶ a Santiago Nasar, así que yo creí que estaban mamando gallo,⁷ sobre todo porque no me fijé en los cuchillos, y pensé que eran los mismos.» Esta vez, sin embargo, Clotilde Armenta notó desde que los vio entrar que no llevaban la misma determinación de antes.

25   En realidad, habían tenido la primera discrepancia.⁸ No sólo eran mucho más distintos por dentro de lo que parecían por fuera, sino que en emergencias difíciles tenían caracteres contrarios. Sus amigos lo habíamos advertido desde la escuela primaria. Pablo Vicario era seis minutos mayor que el hermano, y fue más imagi-

30   nativo y resuelto hasta la adolescencia. Pedro Vicario me pareció siempre más sentimental, y por lo mismo más autoritario. Se presentaron juntos para el servicio militar a los 20 años, y Pablo Vicario fue eximido⁹ para que se quedara al frente de la familia. Pedro Vicario cumplió el servicio durante once meses en patrullas

---

1 pordiosera: mendiga, una persona pobre que pide dinero por caridad
2 hoja: la parte del cuchillo que se usa para cortar
3 oxidada: *rusted*
4 segueta: *saw*
5 alfanje: tipo de espada (*sword*)

6 tripas: intestinos, entrañas, vísceras
7 mamando gallo: bromeando, no hablando en serio
8 discrepancia: riña, diferencia de opinión
9 eximido: liberado de la obligación

de orden público. El régimen de tropa, agravado por el miedo de la muerte, le maduró la vocación de mandar y la costumbre de decidir por su hermano. Regresó con una blenorragia[1] de sargento que resistió a los métodos más brutales de la medicina militar, y a las inyecciones de arsénico y las purgaciones de permanganato del doctor Dionisio Iguarán. Sólo en la cárcel lograron sanarlo. Sus amigos estábamos de acuerdo en que Pablo Vicario desarrolló de pronto una dependencia rara de hermano menor cuando Pedro Vicario regresó con un alma cuartelaria[2] y con la novedad de levantarse la camisa para mostrarle a quien quisiera verla una cicatriz[3] de bala de sedal en el costado[4] izquierdo. Llegó a sentir, inclusive, una especie de fervor ante la blenorragia de hombre grande que su hermano exhibía como una condecoración de guerra.

Pedro Vicario, según declaración propia, fue el que tomó la decisión de matar a Santiago Nasar, y al principio su hermano no hizo más que seguirlo. Pero también fue él quien pareció dar por[5] cumplido el compromiso cuando los desarmó el alcalde, y entonces fue Pablo Vicario quien asumió el mando. Ninguno de los dos mencionó este desacuerdo en sus declaraciones separadas ante el instructor. Pero Pablo Vicario me confirmó varias veces que no le fue fácil convencer al hermano de la resolución final. Tal vez no fuera en realidad sino una ráfaga[6] de pánico, pero el hecho es que Pablo Vicario entró solo en la pocilga a buscar los otros dos cuchillos, mientras el hermano agonizaba gota a gota tratando de orinar[7] bajo los tamarindos. «Mi hermano no supo nunca lo que es eso —me dijo Pedro Vicario en nuestra única entrevista—. Era como orinar vidrio[8] molido.»[9] Pablo Vicario lo encontró todavía abrazado del árbol cuando volvió con los cuchillos. «Estaba sudando frío del dolor —me dijo— y trató de decir que me fuera yo solo porque él no estaba en condiciones de matar a nadie.» Se sentó en uno de los mesones de carpintero que habían puesto bajo los árboles para el almuerzo de la boda, y se bajó los pantalones hasta las rodillas. «Estuvo como media hora

---

1 blenorragia: enfermedad que se transmite sexualmente (*gonorrhea*)
2 cuartelaria: militar
3 cicatriz: señal que se deja en la piel después de curarse una herida (*scar*)
4 costado: el lado del cuerpo humano
5 dar por: considerar
6 ráfaga: *flash, burst*
7 orinar: *to urinate*
8 vidrio: material frágil y transparente que se usa para las ventanas
9 molido: hecho polvo (*ground*)

cambiándose la gasa[1] con que llevaba envuelta la pinga»,[2] me dijo Pablo Vicario. En realidad no se demoró más de diez minutos, pero fue algo tan difícil, y tan enigmático para Pablo Vicario, que lo interpretó como una nueva artimaña[3] del hermano para perder el tiempo hasta el amanecer. De modo que le puso el cuchillo en la mano y se lo llevó casi por la fuerza a buscar la honra perdida de la hermana.

—Esto no tiene remedio —le dijo—: es como si ya nos hubiera sucedido.

Salieron por el portón de la porqueriza con los cuchillos sin envolver, perseguidos por el alboroto de los perros en los patios. Empezaba a aclarar. «No estaba lloviendo», recordaba Pablo Vicario. «Al contrario —recordaba Pedro—: había viento de mar y todavía las estrellas se podían contar con el dedo.» La noticia estaba entonces tan bien repartida,[4] que Hortensia Baute abrió la puerta justo cuando ellos pasaban frente a su casa, y fue la primera que lloró por Santiago Nasar. «Pensé que ya lo habían matado —me dijo—, porque vi los cuchillos con la luz del poste[5] y me pareció que iban chorreando[6] sangre.» Una de las pocas casas que estaban abiertas en esa calle extraviada[7] era la de Prudencia Cotes, la novia de Pablo Vicario. Siempre que los gemelos pasaban por ahí a esa hora, y en especial los viernes cuando iban para el mercado, entraban a tomar el primer café. Empujaron la puerta del patio, acosados por los perros que los reconocieron en la penumbra del alba, y saludaron a la madre de Prudencia Cotes en la cocina. Aún no estaba el café.

—Lo dejamos para después —dijo Pablo Vicario—, ahora vamos de prisa.

—Me lo imagino, hijos —dijo ella—: el honor no espera.

Pero de todos modos esperaron, y entonces fue Pedro Vicario quien pensó que el hermano estaba perdiendo el tiempo a propósito. Mientras tomaban el café, Prudencia Cotes salió a la cocina en plena adolescencia con un rollo de periódicos viejos para animar la lumbre de la hornilla. «Yo sabía en qué andaban

---

1 gasa: *gauze*
2 pinga: palabra vulgar para órgano sexual masculino
3 artimaña: engaño
4 repartida: distribuida *(spread around)*
5 poste: lámpara de la calle

6 chorreando: cayendo en gotas *(dripping)*
7 extraviada: apartada, aislada

—me dijo— y no sólo estaba de acuerdo, sino que nunca me hubiera casado con él si no cumplía como hombre.» Antes de abandonar la cocina, Pablo Vicario le quitó dos secciones de periódicos y le dio una al hermano para envolver los cuchillos.

5 Prudencia Cotes se quedó esperando en la cocina hasta que los vio salir por la puerta del patio, y siguió esperando durante tres años sin un instante de desaliento,[1] hasta que Pablo Vicario salió de la cárcel y fue su esposo de toda la vida.

—Cuídense mucho —les dijo.

10 De modo que a Clotilde Armenta no le faltaba razón cuando le pareció que los gemelos no estaban tan resueltos[2] como antes, y les sirvió una botella de gordolobo de vaporino[3] con la esperanza de rematarlos.[4] «¡Ese día me di cuenta —me dijo— de lo solas que estamos las mujeres en el mundo!» Pedro Vicario le pidió

15 prestado los utensilios de afeitar de su marido, y ella le llevó la brocha, el jabón, el espejo de colgar y la máquina con la cuchilla nueva, pero él se afeitó con el cuchillo de destazar. Clotilde Armenta pensaba que eso fue el colmo[5] del machismo. «Parecía un matón[6] de cine», me dijo. Sin embargo, él me explicó después,

20 y era cierto, que en el cuartel había aprendido a afeitarse con navaja[7] barbera, y nunca más lo pudo hacer de otro modo. Su hermano, por su parte, se afeitó del modo más humilde con la máquina prestada de don Rogelio de la Flor. Por último se bebieron la botella en silencio, muy despacio, contemplando con

25 el aire lelo[8] de los amanecidos la ventana apagada en la casa de enfrente, mientras pasaban clientes fingidos comprando leche sin necesidad y preguntando por cosas de comer que no existían, con la intención de ver si era cierto que estaban esperando a Santiago Nasar para matarlo.

30 Los hermanos Vicario no verían encenderse esa ventana. Santiago Nasar entró en su casa a las 4.20, pero no tuvo que encender ninguna luz para llegar al dormitorio porque el foco[9] de la escalera permanecía encendido durante la noche. Se tiró sobre

---

1 desaliento: falta de esperanza
2 resueltos: determinados
3 gordolobo de vaporino: bebida alcohólica
4 rematarlos: acabar con ellos; ponerlos tan borrachos que no puedan hacer nada
5 colmo: máximo; punto más alto
6 matón: una persona que mata, asesino
7 navaja: lo que se usa para afeitarse
8 lelo: tonto, bobo
9 foco: luz

la cama en la oscuridad y con la ropa puesta, pues sólo le quedaba una hora para dormir, y así lo encontró Victoria Guzmán cuando subió a despertarlo para que recibiera al obispo. Habíamos estado juntos en la casa de María Alejandrina Cervantes hasta pasadas las tres, cuando ella misma despachó[1] a los músicos y apagó las luces del patio de baile para que sus mulatas de placer se acostaran solas a descansar. Hacía tres días con sus noches que trabajaban sin reposo,[2] primero atendiendo en secreto a los invitados de honor, y después destrampadas[3] a puertas abiertas con los que nos quedamos incompletos[4] con la parranda de la boda. María Alejandrina Cervantes, de quien decíamos que sólo había de dormir una vez para morir, fue la mujer más elegante y la más tierna que conocí jamás, y la más servicial en la cama, pero también la más severa. Había nacido y crecido aquí, y aquí vivía, en una casa de puertas abiertas con varios cuartos de alquiler y un enorme patio de baile con calabazos de luz[5] comprados en los bazares chinos de Paramaribo. Fue ella quien arrasó[6] con la virginidad de mi generación. Nos enseñó mucho más de lo que debíamos aprender, pero nos enseñó sobre todo que ningún lugar de la vida es más triste que una cama vacía. Santiago Nasar perdió el sentido desde que la vio por primera vez. Yo lo previne: *Halcón que se atreve con garza guerrera, peligros espera.*[7] Pero él no me oyó, aturdido[8] por los silbos[9] quiméricos[10] de María Alejandrina Cervantes. Ella fue su pasión desquiciada,[11] su maestra de lágrimas a los 15 años, hasta que Ibrahim Nasar se lo quitó de la cama a correazos[12] y lo encerró más de un año en *El Divino Rostro*. Desde entonces siguieron vinculados por un afecto serio, pero sin el desorden del amor, y ella le tenía tanto respeto que no volvió a acostarse con nadie si él estaba presente. En aquellas últimas vacaciones nos despachaba[13] temprano con el pretexto inverosímil[14] de que estaba cansada,

---

1 despachó: envió fuera; echó
2 reposo: descanso
3 destrampadas: soltadas (set loose)
4 incompletos: no satisfechos
5 calabazos de luz: linternas (lanterns)
6 arrasó: eliminó, terminó, acabó con
7 Halcón que se atreve con garza guerrera, peligros espera.: *A falcon that dares to get involved with a warlike crane is inviting danger (literal). In other words: Don't mess around with someone out of your league.*
8 aturdido: confuso
9 silbos: sonidos; llamadas
10 quiméricos: fantásticos, como en un sueño
11 desquiciada: loca
12 correazos: golpes dados con el cinturón
13 despachaba: enviaba afuera; echaba
14 inverosímil: improbable

pero dejaba la puerta sin tranca y una luz encendida en el corredor para que yo volviera a entrar en secreto.

Santiago Nasar tenía un talento casi mágico para los disfraces,[1] y su diversión predilecta era trastocar la identidad de las mulatas. Saqueaba los roperos de unas para disfrazar[2] a las otras, de modo que todas terminaban por sentirse distintas de sí mismas e iguales a las que no eran. En cierta ocasión, una de ellas se vio repetida en otra con tal acierto,[3] que sufrió una crisis de llanto. «Sentí que me había salido del espejo», dijo. Pero aquella noche, María Alejandrina Cervantes no permitió que Santiago Nasar se complaciera[4] por última vez en sus artificios[5] de transformista, y lo hizo con pretextos tan frívolos que el mal sabor de ese recuerdo le cambió la vida. Así que nos llevamos a los músicos a una ronda de serenatas, y seguimos la fiesta por nuestra cuenta, mientras los gemelos Vicario esperaban a Santiago Nasar para matarlo. Fue a él a quien se le ocurrió, casi a las cuatro, que subiéramos a la colina[6] del viudo de Xius para cantarles a los recién casados.

No sólo les cantamos por las ventanas, sino que tiramos cohetes[7] y reventamos petardos[8] en los jardines, pero no percibimos ni una señal de vida dentro de la quinta.[9] No se nos ocurrió que no hubiera nadie, sobre todo porque el automóvil nuevo estaba en la puerta, todavía con la capota[10] plegada[11] y con las cintas de raso[12] y los macizos[13] de azahares[14] de parafina que les habían colgado en la fiesta. Mi hermano Luis Enrique, que entonces tocaba la guitarra como un profesional, improvisó en honor de los recién casados una canción de equívocos[15] matrimoniales. Hasta entonces no había llovido. Al contrario, la luna estaba en el centro del cielo, y el aire era diáfano, y en el fondo del precipicio se veía el reguero de luz de los fuegos fatuos en el cementerio. Del otro lado se divisaban[16] los sembrados de plátanos azules bajo la

---

1 disfraces: ropa que se usa para esconder la identidad

2 disfrazar: cambiar o esconder la identidad

3 acierto: exactitud *(accuracy)*

4 se complaciera: se divirtiera; encontrara placer

5 artificios: engaños, *(tricks)*

6 colina: elevación, montaña pequeña *(hill)*

7 cohetes: fuegos artificiales

8 petardos: cohetes

9 quinta: casa de campo

10 capota: cubierta del auto

11 plegada: *folded down*

12 raso: *satin*

13 macizos: grupos de flores

14 azahares: flores del naranjo *(orange blossoms)*

15 equívocos: malentendidos; incorrectos

16 se divisaban: se veían

luna, las ciénagas¹ tristes y la línea fosforescente del Caribe en el horizonte. Santiago Nasar señaló una lumbre intermitente en el mar, y nos dijo que era el ánima² en pena de un barco negrero que se había hundido con un cargamento de esclavos³ del Senegal frente a la boca grande de Cartagena de Indias. No era posible pensar que tuviera algún malestar⁴ de la conciencia, aunque entonces no sabía que la efímera⁵ vida matrimonial de Ángela Vicario había terminado dos horas antes. Bayardo San Román la había llevado a pie a casa de sus padres para que el ruido del motor no delatara⁶ su desgracia antes de tiempo, y estaba otra vez solo y con las luces apagadas en la quinta feliz del viudo de Xius.

Cuando bajamos la colina, mi hermano nos invitó a desayunar con pescado frito en las fondas del mercado, pero Santiago Nasar se opuso porque quería dormir una hora hasta que llegara el obispo. Se fue con Cristo Bedoya por la orilla del río bordeando los tambos de pobres que empezaban a encenderse en el puerto antiguo, y antes de doblar la esquina nos hizo una señal de adiós con la mano. Fue la última vez que lo vimos.

Cristo Bedoya, con quien estaba de acuerdo para encontrarse más tarde en el puerto, lo despidió en la entrada posterior de su casa. Los perros le ladraban por costumbre cuando lo sentían entrar, pero él los apaciguaba⁷ en la penumbra⁸ con el campanilleo⁹ de las llaves. Victoria Guzmán estaba vigilando la cafetera en el fogón cuando él pasó por la cocina hacia el interior de la casa.

—Blanco —lo llamó—: ya va a estar el café.

Santiago Nasar le dijo que lo tomaría más tarde, y le pidió decirle a Divina Flor que lo despertara a las cinco y media, y que le llevara una muda de ropa limpia igual a la que llevaba puesta. Un instante después de que él subió a acostarse, Victoria Guzmán recibió el recado¹⁰ de Clotilde Armenta con la pordiosera de la leche. A las 5.30 cumplió la orden de despertarlo, pero no mandó a Divina Flor sino que subió ella misma al dormitorio con el vestido

---

1 ciénagas: *swamps*
2 ánima: espíritu
3 esclavos: gente forzada a servir a otros; que no tiene libertad
4 malestar: falta de tranquilidad
5 efímera: corta, que no dura mucho
6 delatara: revelara
7 apaciguaba: tranquilizaba

8 penumbra: sombra
9 campanilleo: *jingling*
10 recado: mensaje (*message*)

de lino, pues no perdía ninguna ocasión de preservar a la hija contra las garras[1] del boyardo.[2]

María Alejandrina Cervantes había dejado sin tranca la puerta de la casa. Me despedí de mi hermano, atravesé el corredor donde dormían los gatos de las mulatas amontonados entre los tulipanes,[3] y empujé sin tocar la puerta del dormitorio. Las luces estaban apagadas, pero tan pronto como entré percibí el olor de mujer tibia[4] y vi los ojos de leoparda insomne en la oscuridad, y después no volví a saber de mí mismo hasta que empezaron a sonar las campanas.

De paso para nuestra casa, mi hermano entró a comprar cigarrillos en la tienda de Clotilde Armenta. Había bebido tanto, que sus recuerdos de aquel encuentro fueron siempre muy confusos, pero no olvidó nunca el trago[5] mortal que le ofreció Pedro Vicario. «Era candela[6] pura», me dijo. Pablo Vicario, que había empezado a dormirse, despertó sobresaltado cuando lo sintió entrar, y le mostró el cuchillo.

—Vamos a matar a Santiago Nasar —le dijo.

Mi hermano no lo recordaba. «Pero aunque lo recordara no lo hubiera creído —me ha dicho muchas veces—. ¡A quién carajo se le podía ocurrir que los gemelos iban a matar a nadie, y menos con un cuchillo de puercos!» Luego le preguntaron dónde estaba Santiago Nasar, pues los habían visto juntos a las dos, y mi hermano no recordó tampoco su propia respuesta. Pero Clotilde Armenta y los hermanos Vicario se sorprendieron tanto al oírla, que la dejaron establecida en el sumario con declaraciones separadas. Según ellos, mi hermano dijo: «Santiago Nasar está muerto.» Después impartió una bendición episcopal, tropezó en el pretil[7] de la puerta y salió dando tumbos.[8] En medio de la plaza se cruzó con el padre Amador. Iba para el puerto con sus ropas de oficiar, seguido por un acólito[9] que tocaba la campanilla y varios ayudantes con el altar para la misa campal del obispo. Al verlos pasar, los hermanos Vicario se santiguaron.[10]

---

1 garras: las uñas de un animal *(claws)*
2 boyardo: señor feudal
3 tulipanes: tipo de flores
4 tibia: ni fría ni caliente
5 trago: bebida alcohólica
6 candela: como el fuego
7 pretil: *threshold*

8 dando tumbos: cayéndose, tropezando
9 acólito: muchacho que ayuda al cura en la iglesia
10 se santiguaron: hicieron la señal de la cruz con la mano

Clotilde Armenta me contó que habían perdido las últimas esperanzas cuando el párroco[1] pasó de largo frente a su casa. «Pensé que no había recibido mi recado»,[2] dijo. Sin embargo, el padre Amador me confesó muchos años después, retirado del mundo en la tenebrosa Casa de Salud de Calafell, que en efecto había recibido el mensaje de Clotilde Armenta, y otros más perentorios,[3] mientras se preparaba para ir al puerto. «La verdad es que no supe qué hacer —me dijo—. Lo primero que pensé fue que no era un asunto mío sino de la autoridad civil, pero después resolví decirle algo de pasada a Plácida Linero.» Sin embargo, cuando atravesó la plaza lo había olvidado por completo. «Usted tiene que entenderlo —me dijo—: aquel día desgraciado llegaba el obispo.» En el momento del crimen se sintió tan desesperado, y tan indigno de sí mismo, que no se le ocurrió nada más que ordenar que tocaran a fuego.[4]

Mi hermano Luis Enrique entró en la casa por la puerta de la cocina, que mi madre dejaba sin cerrojo para que mi padre no nos sintiera entrar. Fue al baño antes de acostarse, pero se durmió sentado en el retrete,[5] y cuando mi hermano Jaime se levantó para ir a la escuela, lo encontró tirado boca abajo en las baldosas,[6] y cantando dormido. Mi hermana la monja,[7] que no iría a esperar al obispo porque tenía una cruda de cuarenta grados,[8] no consiguió despertarlo. «Estaban dando las cinco cuando fui al baño», me dijo. Más tarde, cuando mi hermana Margot entró a bañarse para ir al puerto, logró llevarlo a duras penas[9] al dormitorio. Desde el otro lado del sueño, oyó sin despertar los primeros bramidos del buque del obispo. Después se durmió a fondo, rendido por la parranda, hasta que mi hermana la monja entró en el dormitorio tratando de ponerse el hábito[10] a la carrera,[11] y lo despertó con su grito de loca:

—¡Mataron a Santiago Nasar!

---

1 párroco: cura que dirige una parroquia o iglesia

2 recado: mensaje (message)

3 perentorios: urgentes, de emergencia

4 tocar a fuego: tocar la alarma de los bomberos (ring the fire alarm)

5 retrete: toilet

6 baldosas: tiles

7 monja: mujer que es miembro de una orden religiosa católica

8 cruda de cuarenta grados: hangover

9 a duras penas: con gran dificultad

10 hábito: ropa que llevan las monjas

11 a la carrera: con prisa

Capítulo 3

A. Preguntas de comprensión

1. ¿Cuál fue la defensa legal de los hermanos Vicario?

2. En la cárcel, ¿qué impresión tienen los otros presos de los gemelos?

3. ¿Qué acciones de los gemelos en este capítulo indican que no quieren matar a Santiago?

4. García Márquez no cree que los gemelos hayan ido primero a la casa de María Alejandrina Cervantes para buscar a Santiago. ¿Por qué no lo cree?

5. Los gemelos van a la tienda de Clotilde Armenta para esperar a Santiago. ¿Por qué es un lugar muy ilógico para esperarlo?

6. ¿Por qué van los gemelos al mercado de carnes? (Hay una razón obvia y otra más escondida.) ¿Qué anuncian allí? ¿Por qué no les hacen caso?

7. ¿Quién es el único carnicero que toma en serio lo que dicen los gemelos? ¿A quién se lo dice esta persona?

8. ¿Quién es Leandro Pornoy? ¿Y Lázaro Aponte? Cuando Leandro Pornoy le cuenta a Lázaro Aponte de las intenciones de los gemelos, ¿por qué éste no le hace caso al principio? ¿Qué idea hace cambiar de opinión a Lázaro Aponte?

9. ¿Qué acción toma Lázaro Aponte por fin? ¿Por qué es esto irónico y cómico?

10. ¿Cuál es la verdad que Clotilde Armenta ha intuido con respecto a la situación de los gemelos?

11. ¿Quién es Prudencia Cotes? Describe su actitud sobre el compromiso de honor de los gemelos.

12. ¿Cuál es la profesión de María Alejandrina Cervantes? ¿Cómo se caracteriza la actitud del autor con respecto a ella?

13. ¿Cómo se caracteriza la relación entre Santiago Nasar y María Alejandrina Cervantes? ¿Qué hace María Alejandrina Cervantes para mostrarle respeto a Santiago?

14. ¿Qué tipo de canción improvisa Luis Enrique en honor de los recién casados? Explica la ironía que se encuentra aquí.

15. ¿Qué se revela en el recado que recibe Victoria Guzmán? ¿De quién es? ¿Por qué no lo entrega?

16. El padre Amador tiene la intención de prevenir a Plácida Linero. ¿Por qué no lo hace? ¿Te parece realista el comportamiento del padre Amador? ¿Qué aspecto del carácter humano se refleja aquí?

B. Preguntas de pensamiento y discusión

1. En la página 53, el autor nos dice que «los hermanos Vicario no hicieron nada de lo que convenía para matar a Santiago Nasar de inmediato y sin espectáculo público, sino que hicieron mucho más de lo que era imaginable para que alguien les impidiera matarlo, y no lo consiguieron.» Comenta sobre esta cita.

2. Clotilde Armenta se refiere al coronel Aponte como un «hombre un poco trastornado por la práctica solitaria del espiritismo aprendido por correo» (p.58). Esta clase de caracterización brevísima y aguda refleja el genio de García Márquez. ¿Puedes pensar en otros ejemplos? (Piensa en el obispo, los gemelos, Ángela, y Purísima.) Busca otros ejemplos en el resto de la novela.

3. Al ver a los gemelos pasar con los cuchillos (p. 61), Hortensia Baute (una vecina) cree que ya habían matado a Santiago Nasar. ¿Qué ilusión resulta en este error? Cita otros ejemplos de equivocaciones de percepción, de confundir una persona o situación con otra. ¿Cuál es el propósito del autor al presentar estas confusiones?

4. María Alejandrina Cervantes muestra su respeto y cariño hacia Santiago Nasar al no acostarse con otro hombre si él está presente. A primera vista esto nos parece cómico e irónico. ¿Crees que el autor lo considera absurdo por completo? Explica.

5. La soledad es un tema importante en la obra de Gabriel García Márquez. En la página 62, Clotilde Armenta dice «Ese día me di cuenta de lo solas que estamos las mujeres en el mundo.» Explica el significado de esta cita en el contexto de la novela.

6. Cuando el autor entrevista a los carniceros, ¿de qué aspecto de la personalidad de un carnicero hablan? ¿Qué elemento absurdo de la personalidad de los gemelos se puede ver? Nota otras características absurdas o graciosas con respecto a varios personajes a través de la novela. Piensa en aspectos absurdos en ti mismo y en la gente a quien conoces. ¿Crees que el autor exagera?

C. Ensayo

Por distintas razones García Márquez nos presenta lo absurdo del ser humano. Por ejemplo:

a. para retratar al personaje con más claridad y hacerlo destacar en la mente del lector.

b. para provocar el cariño o la aceptación de lo absurdo que somos todos.

c. para burlarse de hipócritas y explotadores.

d. por el efecto cómico o gracioso.

e. para que nos demos cuenta de la irracionalidad universal que todos compartimos a veces.

En un ensayo bien organizado, comenta sobre el uso de lo absurdo en *Crónica*, citando ejemplos específicos del texto.

D. Diálogo

Se encuentran diferencias de opinión por todas partes de *Crónica*. Tú y tu amigo son testigos del mismo crimen, pero tienen observaciones totalmente distintas. Presenta un diálogo entre tres personas: el policía que hace preguntas, y los dos testigos que no están de acuerdo.

Capítulo 4

❧

PERSONAJES NUEVOS

Suseme Abdala mujer árabe, vieja matriarca de la comunidad
árabe

Yolanda de Xius esposa muerta del viudo de Xius

VOCABULARIO 4

agonizar estar muriendo

amargo *bitter*

ánima espíritu, alma

arrepentirse (ie) sentir, lamentar, por haber hecho algo malo

bárbaro cruel y feroz

basura desperdicios, algo que no se considera digno de guardar
(*garbage*)

bruto estúpido

carecer de faltar, no tener algo

derramar dejar caer un líquido, hacer que el líquido salga de un
recipiente

insoportable insufrible; que no se puede tolerar; demasiado
molesto o pesado

porquería suciedad, basura, falta de decencia

rencor (m) enojo, ira, rabia

veneno sustancia que cuando se come causa la muerte;
envenenar administrar veneno

venganza acción de dañar a alguien en respuesta a un daño
que alguien le ha hecho a uno

71

ANTES DE LEER

A. Vocabulario

Completa la frase con una de las palabras de la lista de vocabulario.

1. La autopsia de Santiago Nasar _____ de valor legal porque no la hizo un médico sino un cura.

2. Después de la autopsia, el cura no sabía qué hacer con las entrañas, por lo que las echó en la _____.

3. El médico dijo que el cura era _____ por la manera atroz en que hizo la autopsia.

4. Los gemelos temían que la comida estuviera

   _____.

5. El viudo de Xius creía que el _____ de su esposa muerta todavía visitaba la casa.

6. Ángela no engañó a Bayardo porque ella era demasiado decente y creía que todas las mentiras eran una

   _____.

7. Ángela _____ tinta en una de sus cartas a Bayardo y dijo que las gotas eran lágrimas.

8. A pesar de lo que había sufrido, Ángela no se volvió una mujer _____. Al contrario, parecía más feliz y optimista que antes.

9. Al darse cuenta de la crueldad e hipocresía de su madre, Ángela sintió gran _____ contra ella.

10. Con sus últimas fuerzas, Santiago Nasar logró entrar en su casa para morir. Deseaba _____ en su propio hogar.

B. Expresión personal

1. Menciona una situación o compromiso en tu vida que hayas encontrado insoportable.
2. ¿Alguna vez has hecho algo malo de lo que te hayas arrepentido?
3. ¿Hay un suceso que te haya provocado mucho rencor? ¿Buscaste venganza?
4. ¿Crees que el ánima de una persona vive después de la muerte? ¿De qué forma?
5. Menciona una novela o una película en la que aparezcan personajes bárbaros.

Capítulo 4

Los estragos[1] de los cuchillos fueron apenas un principio de la autopsia inclemente[2] que el padre Carmen Amador se vio obligado a hacer por ausencia del doctor Dionisio Iguarán. «Fue como si hubiéramos vuelto a matarlo después de muerto —me dijo el

5   antiguo párroco[3] en su retiro[4] de Calafell—. Pero era una orden del alcalde, y las órdenes de aquel bárbaro, por estúpidas que fueran, había que cumplirlas.» No era del todo justo. En la confusión de aquel lunes absurdo, el coronel Aponte había sostenido una conversación telegráfica urgente con el gobernador de la provincia, y

10   éste lo autorizó para que hiciera las diligencias[5] preliminares mientras mandaban un juez instructor. El alcalde había sido antes oficial de tropa sin ninguna experiencia en asuntos de justicia, y era demasiado fatuo[6] para preguntarle a alguien que lo supiera por dónde tenía que empezar. Lo primero que lo inquietó fue la

15   autopsia. Cristo Bedoya, que era estudiante de medicina, logró la dispensa[7] por su amistad íntima con Santiago Nasar. El alcalde pensó que el cuerpo podía mantenerse refrigerado hasta que regresara el doctor Dionisio Iguarán, pero no encontró nevera[8] de tamaño humano, y la única apropiada en el mercado estaba

20   fuera de servicio. El cuerpo había sido expuesto a la contemplación pública en el centro de la sala, tendido sobre un angosto catre[9] de hierro mientras le fabricaban un ataúd[10] de rico. Habían llevado los ventiladores[11] de los dormitorios, y algunos de las casas vecinas, pero había tanta gente ansiosa[12] de verlo que fue

---

1 estragos: daños
2 inclemente: cruel, que le falta compasión
3 párroco: cura que dirige una parroquia o iglesia
4 retiro: refugio, sitio adonde se va para descansar
5 diligencias: *proceedings*
6 fatuo: tonto; lleno de vanidad

7 dispensa: libertad de un compromiso
8 nevera: refrigerador con hielo para mantener fría la comida
9 catre: cama pequeña
10 ataúd: caja donde se mete al muerto
11 ventiladores: *fans*
12 ansiosa: deseosa

preciso[1] apartar los muebles y descolgar las jaulas y las macetas de helechos, y aun así era insoportable el calor. Además, los perros alborotados por el olor de la muerte aumentaban la zozobra.[2] No habían dejado de aullar[3] desde que yo entré en la casa, cuando Santiago Nasar agonizaba todavía en la cocina, y encontré a Divina Flor llorando a gritos y manteniéndolos a raya[4] con una tranca.[5]

—Ayúdame —me gritó—, que lo que quieren es comerse las tripas.

Los encerramos con candado en las pesebreras.[6] Plácida Linero ordenó más tarde que los llevaran a algún lugar apartado hasta después del entierro. Pero hacia el medio día, nadie supo cómo, se escaparon de donde estaban e irrumpieron[7] enloquecidos[8] en la casa. Plácida Linero, por una vez, perdió los estribos.[9]

—¡Estos perros de mierda! —gritó—. ¡Que los maten!

La orden se cumplió de inmediato, y la casa volvió a quedar en silencio. Hasta entonces no había temor alguno por el estado del cuerpo. La cara había quedado intacta, con la misma expresión que tenía cuando cantaba, y Cristo Bedoya le había vuelto a colocar las vísceras en su lugar y lo había fajado[10] con una banda de lienzo. Sin embargo, en la tarde empezaron a manar[11] de las heridas unas aguas color de almíbar[12] que atrajeron a las moscas,[13] y una mancha morada le apareció en el bozo[14] y se extendió muy despacio como la sombra de una nube en el agua hasta la raíz del cabello. La cara que siempre fue indulgente adquirió una expresión de enemigo, y su madre se la cubrió con un pañuelo. El coronel Aponte comprendió entonces que ya no era posible esperar, y le ordenó al padre Amador que practicara la autopsia. «Habría sido peor desenterrarlo después de una semana», dijo. El párroco había hecho la carrera de medicina y cirugía en Salamanca, pero ingresó en el seminario sin graduarse, y hasta

---

1 preciso: necesario
2 zozobra: intranquilidad
3 aullar: *howl*
4 manteniéndolos a raya: *holding them off, keeping them at bay*
5 tranca: palo grueso
6 pesebreras: edificio donde se guardan los caballos
7 irrumpieron: entraron de repente
8 enloquecidos: se aplica a los que se han vuelto locos
9 perdió los estribos: se volvió loca, perdió el control
10 fajado: envuelto
11 manar: fluir
12 almíbar: *syrup*
13 mosca: insecto volante, muy molesto
14 bozo: labio superior

el alcalde sabía que su autopsia carecía de valor legal. Sin embargo, hizo cumplir la orden.

Fue una masacre, consumada en el local de la escuela pública con la ayuda del boticario[1] que tomó las notas, y un estudiante de primer año de medicina que estaba aquí de vacaciones. Sólo dispusieron de algunos instrumentos de cirugía menor, y el resto fueron hierros de artesanos.[2] Pero al margen de los destrozos[3] en el cuerpo, el informe del padre Amador parecía correcto, y el instructor lo incorporó al sumario como una pieza útil.

Siete de las numerosas heridas eran mortales. El hígado[4] estaba casi seccionado por dos perforaciones profundas en la cara anterior. Tenía cuatro incisiones en el estómago, y una de ellas tan profunda que lo atravesó por completo y le destruyó el páncreas. Tenía otras seis perforaciones menores en el colon trasverso, y múltiples heridas en el intestino delgado. La única que tenía en el dorso, a la altura de la tercera vértebra lumbar, le había perforado el riñón[5] derecho. La cavidad abdominal estaba ocupada por grandes témpanos de sangre, y entre el lodazal[6] de contenido gástrico apareció una medalla de oro de la Virgen del Carmen que Santiago Nasar se había tragado[7] a la edad de cuatro años. La cavidad torácica mostraba dos perforaciones: una en el segundo espacio intercostal derecho que le alcanzó a interesar el pulmón,[8] y otra muy cerca de la axila[9] izquierda. Tenía además seis heridas menores en los brazos y las manos, y dos tajos horizontales: uno en el muslo derecho y otro en los músculos del abdomen. Tenía una punzada[10] profunda en la palma de la mano derecha. El informe dice: «Parecía un estigma del Crucificado.» La masa encefálica[11] pesaba sesenta gramos más que la de un inglés normal, y el padre Amador consignó en el informe que Santiago Nasar tenía una inteligencia superior y un porvenir[12] brillante. Sin embargo, en la nota final señalaba una hipertrofia del hígado que atribuyó a una hepatitis mal curada. «Es decir —me dijo—, que de todos modos le quedaban muy pocos años de vida.» El doctor

---

1 boticario: farmacéutico
2 hierros de artesano: *craftsman's tools*
3 destrozos: daños
4 hígado: *liver*
5 riñón: *kidney*
6 lodazal: lugar cubierto de lodo *(mucky, muddy place)*

7 tragado: comido
8 pulmón: órgano de la respiración
9 axila: *armpit*
10 punzada: herida
11 encefálica: del cerebro *(of the brain)*
12 porvenir: futuro

Dionisio Iguarán, que en efecto le había tratado una hepatitis a Santiago Nasar a los doce años, recordaba indignado aquella autopsia. «Tenía que ser cura para ser tan bruto —me dijo—. No hubo manera de hacerle entender nunca que la gente del trópico tenemos el hígado más grande que los gallegos.» El informe concluía que la causa de la muerte fue una hemorragia masiva ocasionada por cualquiera de las siete heridas mayores.

Nos devolvieron un cuerpo distinto. La mitad del cráneo había sido destrozado con la trepanación, y el rostro de galán[1] que la muerte había preservado acabó de perder su identidad. Además el párroco había arrancado[2] de cuajo[3] las vísceras destazadas, pero al final no supo qué hacer con ellas, y les impartió una bendición[4] de rabia y las tiró en el balde de la basura. A los últimos curiosos asomados a las ventanas de la escuela pública se les acabó la curiosidad, el ayudante se desvaneció,[5] y el coronel Lázaro Aponte, que había visto y causado tantas masacres de represión, terminó por ser vegetariano además de espiritista. El cascarón[6] vacío, embutido[7] de trapos y cal viva, y cosido a la machota[8] con bramante basto[9] y agujas de enfardelar,[10] estaba a punto de desbaratarse[11] cuando lo pusimos en el ataúd[12] nuevo de seda[13] capitonada. «Pensé que así se conservaría por más tiempo», me dijo el padre Amador. Sucedió lo contrario: tuvimos que enterrarlo de prisa al amanecer, porque estaba en tan mal estado que ya no era soportable dentro de la casa.

Despuntaba un martes turbio. No tuve valor para dormir solo al término de la jornada opresiva, y empujé la puerta de la casa de María Alejandrina Cervantes por si no había pasado el cerrojo. Los calabazos de luz estaban encendidos en los árboles, y en el patio de baile había varios fogones[14] de leña con enormes ollas[15] humeantes, donde las mulatas estaban tiñendo[16] de luto sus ropas de parranda. Encontré a María Alejandrina Cervantes

---

1 galán: joven guapo
2 arrancado: quitado por fuerza
3 de cuajo: por las raíces
4 bendición: *blessing*
5 se desvaneció: se desmayó, perdió la conciencia
6 cascarón: *shell*
7 embutido: lleno de
8 a la machota: de una manera brutal
9 bramante basto: *coarse twine*
10 agujas de enfardelar: *baling needles, large crude needles*
11 desbaratarse: deshacerse
12 ataúd: caja donde se mete al muerto
13 seda: *silk*
14 fogones: fuegos para cocinar
15 ollas: *kettles*
16 tiñendo: cambiando el color

despierta como siempre al amanecer, y desnuda por completo como siempre que no había extraños en la casa. Estaba sentada a la turca sobre la cama de reina frente a un platón babilónico de cosas de comer: costillas de ternera, una gallina hervida, lomo de cerdo, y una guarnición de plátanos y legumbres que hubieran alcazando para cinco. Comer sin medida[1] fue siempre su único modo de llorar, y nunca la había visto hacerlo con semejante pesadumbre.[2] Me acosté a su lado, vestido, sin hablar apenas, y llorando yo también a mi modo. Pensaba en la ferocidad del destino de Santiago Nasar, que le había cobrado 20 años de dicha no sólo con la muerte, sino además con el descuartizamiento del cuerpo, y con su dispersión y exterminio. Soñé que una mujer entraba en el cuarto con una niña en brazos, y que ésta ronzaba[3] sin tomar aliento y los granos de maíz a medio mascar le caían en el corpiño.[4] La mujer me dijo: «Ella mastica a la topa tolondra, un poco al desgaire, un poco al desgarriate.»[5] De pronto sentí los dedos ansiosos que me soltaban los botones de la camisa, y sentí el olor peligroso de la bestia de amor acostada a mis espaldas, y sentí que me hundía en las delicias de las arenas movedizas[6] de su ternura. Pero se detuvo de golpe, tosió[7] desde muy lejos y se escurrió[8] de mi vida.

—No puedo —dijo—: hueles a él.

No sólo yo. Todo siguió oliendo a Santiago Nasar aquel día. Los hermanos Vicario lo sintieron en el calabozo[9] donde los encerró el alcalde mientras se le ocurría qué hacer con ellos. «Por más que me restregaba[10] con jabón y estropajo no podía quitarme el olor», me dijo Pedro Vicario. Llevaban tres noches sin dormir, pero no podían descansar, porque tan pronto como empezaban a dormirse volvían a cometer el crimen. Ya casi viejo, tratando de explicarme su estado de aquel día interminable, Pablo Vicario me dijo sin ningún esfuerzo: «Era como estar despierto dos veces.»

---

1 sin medida: sin límites, sin control	8 se escurrió: se fue
2 pesadumbre: pena, gran tristeza	9 calabozo: celda (cuarto) de una cárcel
3 ronzaba: masticaba *(chewed)*	10 restregaba: lavaba con mucha fuerza
4 corpiño: *bra; corset*	
5 Ella mastica a la topa tolondra, un poco al desgaire, un poco al desgarriate.: *She chews like a silly mole, a little sloppily, a little crazily.*	
6 arenas movedizas: *quick sand*	
7 tosió: *coughed*	

Esa frase me hizo pensar que lo más insoportable para ellos en el calabozo debió haber sido la lucidez.[1]

El cuarto tenía tres metros de lado, una claraboya muy alta con barras de hierro, una letrina portátil, un aguamanil con su palangana y su jarra, y dos camas de mampostería con colchones de estera. El coronel Aponte, bajo cuyo mandato se había construido, decía que no hubo nunca un hotel más humano. Mi hermano Luis Enrique estaba de acuerdo, pues una noche lo encarcelaron por una reyerta[2] de músicos, y el alcalde permitió por caridad que una de las mulatas lo acompañara. Tal vez los hermanos Vicario hubieran pensado lo mismo a las ocho de la mañana, cuando se sintieron a salvo[3] de los árabes. En ese momento los reconfortaba[4] el prestigio de haber cumplido con su ley, y su única inquietud era la persistencia del olor. Pidieron agua abundante, jabón de monte y estropajo, y se lavaron la sangre de los brazos y la cara, y lavaron además las camisas, pero no lograron descansar. Pedro Vicario pidió también sus purgaciones y diuréticos, y un rollo de gasa[5] estéril para cambiarse la venda,[6] y pudo orinar dos veces durante la mañana. Sin embargo, la vida se le fue haciendo tan difícil a medida que avanzaba el día, que el olor pasó a segundo lugar. A las dos de la tarde, cuando hubiera podido fundirlos[7] la modorra[8] del calor, Pedro Vicario estaba tan cansado que no podía permanecer tendido en la cama, pero el mismo cansancio le impedía mantenerse de pie. El dolor de las ingles[9] le llegaba hasta el cuello, se le cerró la orina, y padeció la certidumbre espantosa de que no volvería a dormir en el resto de su vida. «Estuve despierto once meses», me dijo, y yo lo conocía bastante bien para saber que era cierto. No pudo almorzar. Pablo Vicario, por su parte, comió un poco de cada cosa que le llevaron, y un cuarto de hora después se desató en una colerina[10] pestilente. A las seis de la tarde, mientras le hacían la autopsia al cadáver de Santiago Nasar, el alcalde fue llamado de urgencia porque Pedro Vicario estaba convencido de que habían envenenado a su hermano. «Me estaba yendo en aguas —me dijo Pablo

---

1 lucidez: capacidad de pensar con claridad
2 reyerta: lucha
3 a salvo: sin peligro
4 reconfortaba: consolaba
5 gasa: *gauze*

6 venda: lo que se usa para cubrir una herida
7 fundirlos: convertirlos en líquido
8 modorra: fatiga, cansancio
9 ingles: *groin*
10 colerina: *diarrhea*

Vicario—, y no podíamos quitarnos la idea de que eran vainas[1] de los turcos.» Hasta entonces había desbordado[2] dos veces la letrina portátil, y el guardián de vista lo había llevado otras seis al retrete[3] de la alcaldía. Allí lo encontró el coronel Aponte, encaño-
5 nado[4] por la guardia en el excusado[5] sin puertas, y desaguándose[6] con tanta fluidez que no era absurdo pensar en el veneno. Pero lo descartaron[7] de inmediato, cuando se estableció que sólo había bebido el agua y comido el almuerzo que les mandó Pura Vicario. No obstante, el alcalde quedó tan impresionado, que se llevó a los
10 presos para su casa con una custodia especial, hasta que vino el juez de instrucción y los trasladó al panóptico de Riohacha.

El temor de los gemelos respondía al estado de ánimo de la calle. No se descartaba una represalia[8] de los árabes, pero nadie, salvo los hermanos Vicario, había pensado en el veneno. Se
15 suponía más bien que aguardaran la noche para echar gasolina por la claraboya e incendiar a los prisioneros dentro del calabozo. Pero aun ésa era una suposición demasiado fácil. Los árabes constituían una comunidad de inmigrantes pacíficos que se establecieron a principios del siglo en los pueblos del Caribe, aun
20 en los más remotos y pobres, y allí se quedaron vendiendo trapos de colores y baratijas de feria. Eran unidos, laboriosos y católicos. Se casaban entre ellos, importaban su trigo, criaban corderos en los patios y cultivaban el orégano y la berenjena,[9] y su única pasión tormentosa eran los juegos de barajas.[10] Los mayores si-
25 guieron hablando el árabe rural que trajeron de su tierra, y lo conservaron intacto en familia hasta la segunda generación, pero los de la tercera, con la excepción de Santiago Nasar, les oían a sus padres en árabe y les contestaban en castellano. De modo que no era concebible que fueran a alterar de pronto su espíritu pastoral
30 para vengar una muerte cuyos culpables podíamos ser todos. En cambio nadie pensó en una represalia de la familia de Plácida Linero, que fueron gentes de poder y de guerra hasta que se les

---

1 vainas: trucos, engaños
2 desbordado: salido de sus límites; excedido la capacidad
3 retrete: *toilet*
4 encañonado: *with a gun pointing at him*
5 excusado: *toilet*
6 desaguándose: perdiendo agua

7 descartaron: rechazaron
8 represalia: venganza
9 berenjena: *eggplant*
10 barajas: naipes *(cards)*

acabó la fortuna, y que habían engendrado más de dos matones[1] de cantina[2] preservados por la sal de su nombre.

El coronel Aponte, preocupado por los rumores, visitó a los árabes familia por familia, y al menos por esa vez sacó una conclusión correcta. Los encontró perplejos y tristes, con insignias de duelo[3] en sus altares, y algunos lloraban a gritos sentados en el suelo, pero ninguno abrigaba[4] propósitos de venganza. Las reacciones de la mañana habían surgido al calor del crimen, y sus propios protagonistas admitieron que en ningún caso habrían pasado de los golpes. Más aún: fue Suseme Abdala, la matriarca centenaria, quien recomendó la infusión prodigiosa de flores de pasionaria y ajenjo mayor[5] que segó[6] la colerina de Pablo Vicario y desató[7] a la vez el manantial[8] florido de su gemelo. Pedro Vicario cayó entonces en un sopor insomne, y el hermano restablecido concilió su primer sueño sin remordimientos.[9] Así los encontró Purísima Vicario a las tres de la madrugada del martes, cuando el alcalde la llevó a despedirse de ellos.

Se fue la familia completa, hasta las hijas mayores con sus maridos, por iniciativa del coronel Aponte. Se fueron sin que nadie se diera cuenta, al amparo del agotamiento[10] público, mientras los únicos sobrevivientes despiertos de aquel día irreparable estábamos enterrando a Santiago Nasar. Se fueron mientras se calmaban los ánimos según la decisión del alcalde, pero no regresaron jamás. Pura Vicario le envolvió la cara con un trapo a la hija devuelta para que nadie le viera los golpes, y la vistió de rojo encendido[11] para que no se imaginaran que le iba guardando luto al amante secreto. Antes de irse le pidió al padre Amador que confesara a los hijos en la cárcel, pero Pedro Vicario se negó, y convenció al hermano de que no tenían nada de que arrepentirse. Se quedaron solos, y el día del traslado a Riohacha estaban tan repuestos y convencidos de su razón, que no quisieron ser sacados de noche, como hicieron con la familia, sino a pleno sol y con su propia cara. Poncio Vicario, el padre, murió poco después. «Se

---

1 matones: asesinos
2 cantina: taberna (bar)
3 duelo: tristeza, pena, desdicha
4 abrigaba: harbored
5 pasionaria y ajenjo mayor: plantas medicinales
6 segó: cortó, terminó
7 desató: libró, dio libertad
8 manantial: fuente
9 remordimientos: sentimientos de arrepentimiento
10 agotamiento: fatiga, cansancio
11 encendido: de color muy vivo

lo llevó la pena moral», me dijo Ángela Vicario. Cuando los gemelos fueron absueltos[1] se quedaron en Riohacha, a sólo un día de
viaje de Manaure, donde vivía la familia. Allá fue Prudencia Cotes
a casarse con Pablo Vicario, que aprendió el oficio del oro en el
5   taller de su padre y llegó a ser un orfebre depurado.[2] Pedro
Vicario, sin amor ni empleo, se reintegró tres años después a las
Fuerzas Armadas, mereció las insignias de sargento primero, y
una mañana espléndida su patrulla[3] se internó[4] en territorio de
guerrillas cantando canciones de putas,[5] y nunca más se supo de
10   ellos.

    Para la inmensa mayoría sólo hubo una víctima: Bayardo
San Román. Suponían que los otros protagonistas de la tragedia
habían cumplido con dignidad, y hasta con cierta grandeza, la
parte de favor que la vida les tenía señalada. Santiago Nasar
15   había expiado[6] la injuria, los hermanos Vicario habían probado su
condición de hombres, y la hermana burlada estaba otra vez en
posesión de su honor. El único que lo había perdido todo era
Bayardo San Román. «El pobre Bayardo», como se le recordó
durante años. Sin embargo, nadie se había acordado de él hasta
20   después del eclipse de luna, el sábado siguiente, cuando el viudo
de Xius le contó al alcalde que había visto un pájaro fosforescente
aleteando[7] sobre su antigua casa, y pensaba que era el ánima de
su esposa que andaba reclamando lo suyo. El alcalde se dio en la
frente una palmada que no tenía nada que ver con la visión del
25   viudo.

    —¡Carajo! —gritó—. ¡Se me había olvidado ese pobre hombre!

    Subió a la colina con una patrulla, y encontró el automóvil
descubierto frente a la quinta, y vio una luz solitaria en el dormitorio, pero nadie respondió a sus llamados. Así que forzaron una
30   puerta lateral y recorrieron[8] los cuartos iluminados por los rescoldos[9] del eclipse. «Las cosas parecían debajo del agua», me contó
el alcalde. Bayardo San Román estaba inconsciente en la cama,
todavía como lo había visto Pura Vicario en la madrugada del
lunes con el pantalón de fantasía y la camisa de seda, pero sin los

---

1 absueltos: perdonados, libres de culpa

2 depurado: refinado, selecto, exquisito

3 patrulla: grupo de soldados

4 se internó: entró

5 putas: palabra vulgar para prostitutas

6 expiado: pagado con un castigo

7 aleteando: *fluttering*

8 recorrieron: anduvieron por

9 rescoldos: restos, lo que queda

zapatos. Había botellas vacías por el suelo, y muchas más sin abrir junto a la cama, pero ni un rastro de comida. «Estaba en el último grado de intoxicación etílica»,[1] me dijo el doctor Dionisio Iguarán, que lo había atendido de emergencia. Pero se recuperó en pocas horas, y tan pronto como recobró la razón los echó a todos de la casa con los mejores modos de que fue capaz.

—Que nadie me joda[2] —dijo—. Ni mi papá con sus pelotas de veterano.

El alcalde informó del episodio al general Petronio San Román, hasta la última frase literal, con un telegrama alarmante. El general San Román debió tomar al pie de la letra[3] la voluntad del hijo, porque no vino a buscarlo, sino que mandó a la esposa con las hijas, y a otras dos mujeres mayores que parecían ser sus hermanas. Vinieron en un buque de carga, cerradas de luto hasta el cuello por la desgracia de Bayardo San Román, y con los cabellos sueltos[4] de dolor. Antes de pisar tierra firme se quitaron los zapatos y atravesaron las calles hasta la colina caminando descalzas[5] en el polvo ardiente del medio día, arrancándose[6] mechones[7] de raíz y llorando con gritos tan desgarradores[8] que parecían de júbilo. Yo las vi pasar desde el balcón de Magdalena Oliver, y recuerdo haber pensado que un desconsuelo[9] como ése sólo podía fingirse para ocultar otras vergüenzas mayores.

El coronel Lázaro Aponte las acompañó a la casa de la colina, y luego subió el doctor Dionisio Iguarán en su mula de urgencias. Cuando se alivió el sol, dos hombres del municipio bajaron a Bayardo San Román en una hamaca colgada de un palo, tapado hasta la cabeza con una manta y con el séquito de plañideras.[10] Magdalena Oliver creyó que estaba muerto.

—¡*Collons de déu* —exclamó—, qué desperdicio!

Estaba otra vez postrado por el alcohol, pero costaba creer que lo llevaran vivo, porque el brazo derecho le iba arrastrando[11] por el suelo, y tan pronto como la madre se lo ponía dentro de la

---

1 etílica: alcohólica

2 joda: fastidie; palabra vulgar que corresponde a la palabra inglesa "f—-"

3 al pie de la letra: literalmente

4 sueltos: libres; no sujetos

5 descalzas: sin zapatos

6 arrancándose: quitándose con fuerza

7 mechones: grupos de pelos

8 desgarradores: *shrill*

9 desconsuelo: pena, desdicha tristeza

10 séquito de plañideras: grupo de mujeres que lamentan una muerte

11 arrastrando: *dragging*

hamaca se le volvía a descolgar, de modo que dejó un rastro en la tierra desde la cornisa del precipicio hasta la plataforma del buque. Eso fue lo último que nos quedó de él: un recuerdo de víctima.

5   Dejaron la quinta intacta. Mis hermanos y yo subíamos a explorarla en noches de parranda cuando volvíamos de vacaciones, y cada vez encontrábamos menos cosas de valor en los aposentos[1] abandonados. Una vez rescatamos[2] la maletita de mano que Ángela Vicario le había pedido a su madre la noche de
10   bodas, pero no le dimos ninguna importancia. Lo que encontramos dentro parecían ser los afeites[3] naturales para la higiene y la belleza de una mujer, y sólo conocí su verdadera utilidad cuando Ángela Vicario me contó muchos años más tarde cuáles fueron los artificios[4] de comadrona[5] que le habían enseñado para
15   engañar al esposo. Fue el único rastro[6] que dejó en el que fuera su hogar de casada por cinco horas.

       Años después, cuando volví a buscar los últimos testimonios para esta crónica, no quedaban tampoco ni los rescoldos[7] de la dicha[8] de Yolanda de Xius. Las cosas habían ido desapareciendo
20   poco a poco a pesar de la vigilancia empecinada del coronel Lázaro Aponte, inclusive el escaparate[9] de seis lunas de cuerpo entero que los maestros cantores de Mompox habían tenido que armar[10] dentro de la casa, pues no cabía por las puertas. Al principio, el viudo de Xius estaba encantado pensando que eran
25   recursos[11] póstumos[12] de la esposa para llevarse lo que era suyo. El coronel Lázaro Aponte se burlaba de él. Pero una noche se le ocurrió oficiar una misa de espiritismo para esclarecer el misterio, y el alma de Yolanda de Xius le confirmó de su puño y letra que en efecto era ella quien estaba recuperando para su casa de
30   la muerte los cachivaches[13] de la felicidad. La quinta empezó a desmigajarse.[14] El coche de bodas se fue desbaratando en la

---

1 aposentos: dormitorios
2 rescatamos: salvamos, recobramos, encontramos
3 afeites: cosméticos
4 artificios: engaños, falsedades
5 comadrona: mujer que ayuda a las mujeres cuando nace un bebé
6 rastro: señal, indicio dejado
7 rescoldos: restos, lo que queda
8 dicha: felicidad

9 escaparate: armario
10 armar: juntar, unir, construir
11 recursos: esfuerzos; acciones
12 póstumos: después de la muerte
13 cachivaches: *junk, knicknacks*
14 desmigajarse: convertirse en migas, descomponerse, estar destruida

puerta, y al final no quedó sino la carcacha[1] podrida por la intemperie. Durante muchos años no se volvió a saber nada de su dueño. Hay una declaración suya en el sumario, pero es tan breve y convencional, que parece remendada a última hora para cumplir con una fórmula ineludible. La única vez que traté de hablar con él, 23 años más tarde, me recibió con una cierta agresividad, y se negó a aportar[2] el dato[3] más ínfimo[4] que permitiera clarificar un poco su participación en el drama. En todo caso, ni siquiera sus padres sabían de él mucho más que nosotros, ni tenían la menor idea de qué vino a hacer en un pueblo extraviado sin otro propósito aparente que el de casarse con una mujer que no había visto nunca.

De Ángela Vicario, en cambio, tuve siempre noticias de ráfagas que me inspiraron una imagen idealizada. Mi hermana la monja anduvo algún tiempo por la alta Guajira tratando de convertir a los últimos idólatras, y solía detenerse a conversar con ella en la aldea abrasada[5] por la sal del Caribe donde su madre había tratado de enterrarla en vida. «Saludos de tu prima», me decía siempre. Mi hermana Margot, que también la visitaba en los primeros años, me contó que habían comprado una casa de material con un patio muy grande de vientos cruzados, cuyo único problema eran las noches de mareas[6] altas, porque los retretes[7] se desbordaban[8] y los pescados amanecían dando saltos en los dormitorios. Todos los que la vieron en esa época coincidían en que era absorta y diestra[9] en la máquina de bordar, y que a través de su industria había logrado el olvido.

Mucho después, en una época incierta en que trataba de entender algo de mí mismo vendiendo enciclopedias y libros de medicina por los pueblos de la Guajira, me llegué por casualidad hasta aquel moridero[10] de indios. En la ventana de una casa frente al mar, bordando a máquina en la hora de más calor, había una mujer de medio luto con antiparras[11] de alambre y canas[12] amarillas, y sobre su cabeza estaba colgada una jaula con un

---

1 carcacha: cadáver
2 aportar: proveer
3 dato: hecho (fact)
4 ínfimo: insignificante
5 abrasada: quemada
6 mareas: movimientos regulares de los mares
7 retretes: toilets
8 desbordaban: salían de sus límites
9 diestra: capaz, experta
10 moridero: sitio adonde se va a morir
11 antiparras: gafas, anteojos
12 canas: pelos grises

canario que no paraba de cantar. Al verla así, dentro del marco[1] idílico de la ventana, no quise creer que aquella mujer fuera la que yo creía, porque me resistía a admitir que la vida terminara por parecerse tanto a la mala literatura. Pero era ella: Ángela
5 Vicario 23 años después del drama.

Me trató igual que siempre, como un primo remoto, y contestó a mis preguntas con muy buen juicio y con sentido del humor. Era tan madura e ingeniosa,[2] que costaba trabajo creer que fuera la misma. Lo que más me sorprendió fue la forma en
10 que había terminado por entender su propia vida. Al cabo de pocos minutos ya no me pareció tan envejecida como a primera vista, sino casi tan joven como en el recuerdo, y no tenía nada en común con la que habían obligado a casarse sin amor a los 20 años. Su madre, de una vejez mal entendida, me recibió como a
15 un fantasma difícil. Se negó a hablar del pasado, y tuve que conformarme[3] para esta crónica con algunas frases sueltas de sus conversaciones con mi madre, y otras pocas rescatadas de mis recuerdos. Había hecho más que lo posible para que Ángela Vicario se muriera en vida, pero la misma hija le malogró[4] los
20 propósitos, porque nunca hizo ningún misterio de su desventura. Al contrario: a todo el que quiso oírla se la contaba con sus pormenores,[5] salvo el que nunca se había de aclarar: quién fue, y cómo y cuándo, el verdadero causante de su perjuicio,[6] porque nadie creyó que en realidad hubiera sido Santiago Nasar.
25 Pertenecían a dos mundos divergentes. Nadie los vio nunca juntos, y mucho menos solos. Santiago Nasar era demasiado altivo[7] para fijarse en ella. «Tu prima la boba», me decía, cuando tenía que mencionarla. Además, como decíamos entonces, él era un gavilán pollero.[8] Andaba solo, igual que su padre, cortándole el
30 cogollo[9] a cuanta doncella[10] sin rumbo empezaba a despuntar[11] por esos montes, pero nunca se le conoció dentro del pueblo otra relación distinta de la convencional que mantenía con Flora Miguel, y de la tormentosa que lo enloqueció durante catorce meses con María Alejandrina Cervantes. La versión más corriente,

---

1 marco: *frame*	7 altivo: altanero
2 ingeniosa: hábil, lista	8 gavilán pollero: *falcon, hawk*
3 conformarse: estar satisfecho	9 cortándole el cogollo: quitándole la virginidad
4 malogró: frustró, causó el fracaso	
5 pormenores: detalles	10 doncella: virgen
6 perjuicio: daño	11 despuntar: aparecer

tal vez por ser la más perversa, era que Ángela Vicario estaba protegiendo a alguien a quien de veras amaba, y había escogido el nombre de Santiago Nasar porque nunca pensó que sus hermanos se atreverían contra él. Yo mismo traté de arrancarle esta verdad cuando la visité por segunda vez con todos mis argumentos en orden, pero ella apenas si levantó la vista del bordado para rebatirlos.[1]

—Ya no le des más vueltas,[2] primo —me dijo—. Fue él.

Todo lo demás lo contó sin reticencias,[3] hasta el desastre de la noche de bodas. Contó que sus amigas la habían adiestrado[4] para que emborrachara[5] al esposo en la cama hasta que perdiera el sentido, que aparentara[6] más vergüenza de la que sintiera para que él apagara la luz, que se hiciera un lavado drástico de aguas de alumbre para fingir la virginidad, y que manchara la sábana con mercurio cromo para que pudiera exhibirla al día siguiente en su patio de recién casada.* Sólo dos cosas no tuvieron en cuenta sus coberteras:[7] la excepcional resistencia de bebedor de Bayardo San Román, y la decencia pura que Ángela Vicario llevaba escondida dentro de la estolidez[8] impuesta por su madre. «No hice nada de lo que me dijeron —me dijo—, porque mientras más lo pensaba más me daba cuenta de que todo aquello era una porquería que no se le podía hacer a nadie, y menos al pobre hombre que había tenido la mala suerte de casarse conmigo.» De modo que se dejó desnudar sin reservas en el dormitorio iluminado, a salvo ya de todos los miedos aprendidos que le habían malogrado[9] la vida. «Fue muy fácil —me dijo—, porque estaba resuelta a morir.»

La verdad es que hablaba de su desventura[10] sin ningún pudor[11] para disimular[12] la otra desventura, la verdadera, que le abrasaba las entrañas. Nadie hubiera sospechado siquiera, hasta

---

1 rebatirlos: rechazarlos
2 Ya no le des más vueltas: no lo pienses más
3 reticencias: omisiones
4 adiestrado: enseñado
5 emborrachara: pusiera borracho
6 aparentara: fingiera
7 coberteras: mujeres de mala reputación

8 estolidez: falta de inteligencia
9 malogrado: frustrado, destruido
10 desventura: desdicha, pena
11 pudor: vergüenza
12 disimular: esconder, ocultar

* En varias culturas había una costumbre antigua según la cual, la mañana después de la boda, se colgaba la sábana con la mancha de sangre, como prueba de la virginidad de la novia.

que ella se decidió a contármelo, que Bayardo San Román estaba en su vida para siempre desde que la llevó de regreso a su casa. Fue un golpe de gracia. «De pronto, cuando mamá empezó a pegarme, empecé a acordarme de él», me dijo. Los puñetazos[1] le dolían menos porque sabía que eran por él. Siguió pensando en él con un cierto asombro de sí misma cuando sollozaba[2] tumbada en el sofá del comedor. «No lloraba por los golpes ni por nada de lo que había pasado —me dijo—: lloraba por él.» Seguía pensando en él mientras su madre le ponía compresas de árnica en la cara, y más aún cuando oyó la gritería en la calle y las campanas de incendio en la torre, y su madre entró a decirle que ahora podía dormir, pues lo peor había pasado.

Llevaba mucho tiempo pensando en él sin ninguna ilusión cuando tuvo que acompañar a su madre a un examen de la vista[3] en el hospital de Riohacha. Entraron de pasada en el Hotel del Puerto, a cuyo dueño conocían, y Pura Vicario pidió un vaso de agua en la cantina. Se lo estaba tomando, de espaldas a la hija, cuando ésta vio su propio pensamiento reflejado en los espejos repetidos de la sala. Ángela Vicario volvió la cabeza con el último aliento, y lo vio pasar a su lado sin verla, y lo vio salir del hotel. Luego miró otra vez a su madre con el corazón hecho trizas.[4] Pura Vicario había acabado de beber, se secó los labios con la manga y le sonrió desde el mostrador con los lentes[5] nuevos. En esa sonrisa, por primera vez desde su nacimiento, Ángela Vicario la vio tal como era: una pobre mujer consagrada[6] al culto de sus defectos. «Mierda», se dijo. Estaba tan trastornada,[7] que hizo todo el viaje de regreso cantando en voz alta, y se tiró en la cama a llorar durante tres días.

Nació de nuevo. «Me volví loca por él —me dijo—, loca de remate.» Le bastaba cerrar los ojos para verlo, lo oía respirar en el mar, la despertaba a media noche el fogaje[8] de su cuerpo en la cama. A fines de esa semana, sin haber conseguido un minuto de sosiego,[9] le escribió la primera carta. Fue una esquela[10] convencional, en la cual le contaba que lo había visto salir del hotel, y

---

1 puñetazos: golpes
2 sollozaba: lloraba muy fuerte
3 vista: de los ojos
4 trizas: pedazos pequeños
5 lentes: gafas, anteojos
6 consagrada: dedicada

7 trastornada: turbada, alborotada, confusa
8 fogaje: el calor
9 sosiego: descanso
10 esquela: carta

que le habría gustado que él la hubiera visto. Esperó en vano una respuesta. Al cabo de dos meses, cansada de esperar, le mandó otra carta en el mismo estilo sesgado de la anterior, cuyo único propósito parecía ser reprocharle[1] su falta de cortesía. Seis meses

5 después había escrito seis cartas sin respuestas, pero se conformó[2] con la comprobación[3] de que él las estaba recibiendo.

Dueña por primera vez de su destino, Ángela Vicario descubrió entonces que el odio y el amor son pasiones recíprocas. Cuantas más cartas mandaba, más encendía las brasas de su

10 fiebre, pero más calentaba también el rencor feliz que sentía contra su madre. «Se me revolvían las tripas de sólo verla —me dijo—, pero no podía verla sin acordarme de él.» Su vida de casada devuelta seguía siendo tan simple como la de soltera, siempre bordando a máquina con sus amigas como antes hizo tulipanes

15 de trapo y pájaros de papel, pero cuando su madre se acostaba permanecía en el cuarto escribiendo cartas sin porvenir hasta la madrugada. Se volvió lúcida,[4] imperiosa,[5] maestra de su albedrío, y volvió a ser virgen sólo para él, y no reconoció otra autoridad que la suya ni más servidumbre que la de su obsesión.

20 Escribió una carta semanal[6] durante media vida. «A veces no se me ocurría qué decir —me dijo muerta de risa[7]—, pero me bastaba con saber que él las estaba recibiendo.» Al principio fueron esquelas de compromiso, después fueron papelitos de amante furtiva, billetes perfumados de novia fugaz, memoriales

25 de negocios, documentos de amor, y por último fueron las cartas indignas de una esposa abandonada que se inventaba enfermedades crueles para obligarlo a volver. Una noche de buen humor se le derramó el tintero[8] sobre la carta terminada, y en vez de romperla le agregó una posdata: «En prueba de mi amor te

30 envío mis lágrimas.» En ocasiones, cansada de llorar, se burlaba de su propia locura. Seis veces cambiaron la empleada del correo, y seis veces consiguió su complicidad.[9] Lo único que no se le

---

1 reprocharle: criticarle
2 se conformó: se contentó, aceptó, se resignó
3 comprobación: certeza, conocimiento, prueba
4 lúcida: inteligente
5 imperiosa: poderosa, autoritaria
6 semanal: cada semana
7 risa: acción de reírse *(laughter)*
8 tintero: recipiente para la tinta
9 complicidad: participación, colaboración

ocurrió fue renunciar.[1] Sin embargo, él parecía insensible a su delirio: era como escribirle a nadie.

Una madrugada de vientos, por el año décimo, la despertó la certidumbre de que él estaba desnudo en su cama. Le escribió entonces una carta febril de veinte pliegos[2] en la que soltó sin pudor[3] las verdades amargas que llevaba podridas en el corazón desde su noche funesta. Le habló de las lacras[4] eternas que él había dejado en su cuerpo, de la sal de su lengua, de la trilla[5] de fuego de su verga[6] africana. Se la entregó a la empleada del correo, que iba los viernes en la tarde a bordar[7] con ella para llevarse las cartas, y se quedó convencida de que aquel desahogo[8] terminal sería el último de su agonía. Pero no hubo respuesta. A partir de entonces ya no era consciente de lo que escribía, ni a quién le escribía a ciencia cierta, pero siguió escribiendo sin cuartel durante diecisiete años.

Un medio día de agosto, mientras bordaba con sus amigas, sintió que alguien llegaba a la puerta. No tuvo que mirar para saber quién era. «Estaba gordo y se le empezaba a caer el pelo, y ya necesitaba espejuelos[9] para ver de cerca —me dijo—. ¡Pero era él, carajo, era él!» Se asustó, porque sabía que él la estaba viendo tan disminuida[10] como ella lo estaba viendo a él, y no creía que tuviera dentro tanto amor como ella para soportarlo. Tenía la camisa empapada de sudor,[11] como lo había visto la primera vez en la feria, y llevaba la misma correa[12] y las mismas alforjas[13] de cuero descosido con adornos de plata. Bayardo San Román dio un paso adelante, sin ocuparse de las otras bordadoras atónitas,[14] y puso las alforjas en la máquina de coser.

—Bueno —dijo—, aquí estoy.

Llevaba la maleta de la ropa para quedarse, y otra maleta igual con casi dos mil cartas que ella le había escrito. Estaban ordenadas por sus fechas, en paquetes cosidos con cintas[15] de colores, y todas sin abrir.

---

1 renunciar: abandonar sus esfuerzos, no tratar más
2 pliegos: hojas de papel
3 pudor: vergüenza
4 lacras: cicatrices, heridas viejas
5 trilla: *threshing*
6 verga: palabra vulgar para órgano sexual masculino
7 bordar: *embroider*

8 desahogo: alivio que resulta de soltar o expresar las emociones
9 espejuelos: gafas, anteojos
10 disminuida: deficiente, reducida
11 sudor: *sweat*
12 correa: cinturón
13 alforjas: *saddlebags*
14 atónitas: asombradas
15 cintas: *ribbons*

Capítulo 4

A. Preguntas de comprensión

1. Antes del entierro de Santiago Nasar, los perros de la casa presentan un problema. ¿Cuál es? ¿A qué incidente del primer capítulo te recuerda?

2. ¿Cuál es el efecto que causa la autopsia de Santiago Nasar en Lázaro Aponte? Comenta sobre la ironía de este detalle.

3. Después de la repugnancia de la autopsia, ¿adónde va el autor para consolarse? ¿De qué manera busca consuelo María Alejandrina Cervantes?

4. María Alejandrina Cervantes no puede hacer el amor con el autor. ¿Por qué?

5. ¿Qué temen los gemelos en la cárcel? ¿Cuáles son las cosas que les atormentan?

6. ¿Por qué es ilógico sospechar venganza contra los Vicario por parte de la comunidad árabe?

7. Por fin, ¿quién curó las respectivas enfermedades de los gemelos? ¿Qué ironía se encuentra aquí? ¿Qué actitud manifiesta la gente con respecto a los árabes?

8. Cuando los Vicario van a visitar a los gemelos en la cárcel, Pura insiste en que Ángela se vista de cierta manera. ¿En qué insiste Pura? ¿Qué característica de Pura se refleja aquí?

9. Según el pueblo, ¿quién es la única víctima de la tragedia? ¿Por qué?

10. ¿En qué condición se encuentra Bayardo San Román?

11. ¿Cuál es la teoría del viudo de Xius para explicar la desaparición de varias cosas de la casa? ¿Por qué le gusta creer eso?

12. Al entrevistar a Ángela, 23 años después, ¿de qué manera la encuentra cambiada el autor? ¿Cuál es la única cosa que ella se niega a decirle?

13. ¿Por qué no cree nadie que realmente sea culpable Santiago Nasar? Según muchos, ¿por qué lo habría nombrado Ángela?

14. ¿Cuál es la verdadera pena que aflige a Ángela? ¿Cuándo cambiaron sus emociones con respecto a Bayardo?

15. ¿Cómo se caracterizan las cartas que le escribe Ángela a Bayardo?

16. ¿Para qué llega Bayardo al final? ¿Qué trae consigo?

B. Preguntas de pensamiento y discusión

1. El autor nos da descripciones vívidas y sangrientas de las heridas y del cadáver de Santiago. ¿Cuál será su propósito? ¿De qué manera se mezcla lo absurdo con lo brutal?

2. Como resultado de la muerte de Santiago, todo el pueblo experimenta un fenómeno extraño. ¿Cuál es? ¿Qué elementos del realismo mágico se encuentran aquí? (Relee la sección introductoria sobre Temas, con respecto al realismo mágico.)

3. Describe a la madre, las hermanas y las tías de Bayardo cuando vienen a recogerlo después de la tragedia. ¿Qué elementos absurdos se encuentran aquí? ¿Qué sospecha o duda nos comunica el autor? ¿Puedes imaginarte explicaciones posibles del comportamiento de las hermanas?

4. En la página 86 el autor nos dice: «me resistía a admitir que la vida terminara por parecerse tanto a la mala literatura.» Comenta esta cita en términos de *Crónica* y de la vida en general. ¿Estás de acuerdo? ¿Puedes citar ejemplos relacionados con tu propia experiencia?

5. ¿Cómo se caracterizan los cambios emocionales de Ángela con respecto a Bayardo? ¿Qué aspecto del carácter humano se refleja aquí? ¿Se te ocurren ejemplos similares entre personas que conozcas?

6. De repente Ángela Vicario se da cuenta del verdadero carácter de su madre. Describe esta revelación. ¿Dónde ocurre? ¿Qué se revela? ¿Cuál es el significado de la caracterización breve pero profunda de Pura como «una pobre mujer consagrada al culto de sus defectos»? Comenta el rechazo y el odio de Ángela hacia su madre. ¿Qué representa el personaje de Pura Vicario? ¿Crees que sea posible experimentar cambios tan profundos en un momento de revelación?

7. Cuando Ángela y Bayardo se ven después de tantos años, ¿de qué se preocupa Ángela? ¿Qué comentario se hace aquí sobre la relación entre el amor y la apariencia física?

8. El autor describe el asesinato de Santiago Nasar como «una muerte cuyos culpables podíamos ser todos» (p. 80). ¿En qué sentido es esto verdad? (Piensa en dos niveles: los individuos y la sociedad.)

C. Ensayo

Ángela Vicario es el personaje que se desarrolla más en el curso de la novela. La vemos crecer desde «tu prima la boba» (como la describe Santiago en el Capítulo 1), producto de Pura Vicario, a la mujer de más voluntad y carácter que vemos en este capítulo.

En un ensayo bien organizado, comenta el desarrollo del personaje de Ángela. ¿Qué actitud del autor se refleja aquí con respecto al ser humano?

D. Diálogo

Ángela Vicario ha tenido un momento de revelación que le ha cambiado para siempre la manera de percibir a su madre. Imagínate que Ángela se enfrenta con su madre y se desahoga, expresando sus emociones. Le cuenta a Pura toda la pesadumbre que ha sufrido a causa de los «defectos» de ella. Pura trata de defenderse. Con un compañero de clase, presenta el diálogo entre Pura y Ángela.

Capítulo 5

Personajes nuevos

Aura Villeros mujer del pueblo

Don Rogelio de la Flor marido de Clotilde Armenta

Meme Loaiza mujer del pueblo

Polo Carrillo hombre del pueblo

Fausta López esposa de Polo Carrillo

Indalecio Pardo amigo de Santiago Nasar

Escolástica Cisneros mujer del pueblo

Sara Noriega dueña de la tienda de zapatos

Celeste Dangond hombre del pueblo

Yamil Shaium viejo amigo del padre de Santiago Nasar

Próspera Arango mujer del pueblo

Nahir Miguel padre de Flora Miguel, la novia de Santiago

Poncho Lanao vecino de Santiago

Argénida Lanao hija de Poncho

Wenefrida Márquez tía del autor

Vocabulario 5

agarrar coger fuertemente con las manos

agravio insulto; ofensa; daño

anhelo deseo fuerte

atreverse a ser capaz de hacer algo sin temor; aventurarse

casualidad se refiere a lo que pasa sin un plan; el azar

comportamiento conducta, manera de portarse

girar moverse en forma circular alrededor de algo

prueba evidencia; razón para demostrar la verdad de una cosa

soportar tolerar un pena o dolor; aguantar

suplicar pedir o rogar con humildad o insistencia

torcer (ue) dar vueltas a algo; girar los dos extremos en sentido contrario; *(to twist)*

vísceras entrañas, tripas

ANTES DE LEER

A. Vocabulario

Completa la frase con una de las palabras de la lista de vocabulario.

1. Después del asesinato de Santiago Nasar, toda la gente del pueblo demostraba un gran _____ por saber el papel que desempeñaban en el drama.

2. La obsesión con los detalles del asesinato era tan fuerte que toda la vida de la gente parecía _____ alrededor del asunto.

3. El juez nunca estuvo seguro de que Santiago Nasar fuera culpable del _____ contra la familia Vicario.

4. Después de la boda, Santiago andaba con sus amigos de una manera casual. Su _____ no parecía indicar culpabilidad.

5. La falta de una _____ clara de la culpa de Santiago era lo que le molestó al juez.

6. Al decirle a Cristo Bedoya que iban a matar a Santiago, los gemelos parecían _____ que Cristo se los impidiera.

7. Cuando los gemelos vieron a Santiago y se dirigieron hacia él, Clotilde Armenta _____ a Pedro por la camisa, tratando de impedírselo.

8. Santiago Nasar trató de _____ el cuerpo para evitar los cuchillos de los gemelos.

9. Santiago atravesó la casa vecina, tratando de aguantar sus _____ con las manos.

10. La muerte de Santiago Nasar habría sido imposible sin las muchas _____ que resultaron en la tragedia.

B. Expresión personal

1. ¿Cuál es una característica que de ningún modo podrías soportar en un amigo?
2. ¿Cuál es el anhelo más fuerte de tu vida? ¿Y de la vida de tus padres?
3. ¿Cuál es el agravio más serio que has cometido contra otra persona? ¿Te has arrepentido?
4. ¿Crees que hay un plan secreto en la vida o que todo pasa por casualidad?
5. ¿Te atreverías a participar en deportes peligrosos como el saltar al «Bungee»?

Capítulo 5

Durante años no pudimos hablar de otra cosa. Nuestra conducta diaria, dominada hasta entonces por tantos hábitos lineales, había empezado a girar de golpe en torno de una misma ansiedad común. Nos sorprendían los gallos del amanecer tratando de ordenar las numerosas casualidades encadenadas[1] que habían hecho posible el absurdo, y era evidente que no lo hacíamos por un anhelo de esclarecer[2] misterios, sino porque ninguno de nosotros podía seguir viviendo sin saber con exactitud cuál era el sitio y la misión que le había asignado la fatalidad.

Muchos se quedaron sin saberlo. Cristo Bedoya, que llegó a ser un cirujano notable, no pudo explicarse nunca por qué cedió al impulso de esperar dos horas donde sus abuelos hasta que llegara el obispo, en vez de irse a descansar en la casa de sus padres, que lo estuvieron esperando hasta el amanecer para alertarlo. Pero la mayoría de quienes pudieron hacer algo por impedir el crimen y sin embargo no lo hicieron, se consolaron con el pretexto de que los asuntos de honor son estancos[3] sagrados a los cuales sólo tienen acceso los dueños del drama. «La honra es el amor», le oía decir a mi madre. Hortensia Baute, cuya única participación fue haber visto ensangrentados dos cuchillos que todavía no lo estaban, se sintió tan afectada por la alucinación que cayó en una crisis de penitencia,[4] y un día no pudo soportarla más y se echó desnuda a las calles. Flora Miguel, la novia de Santiago Nasar, se fugó[5] por despecho[6] con un teniente[7] de fronteras que la prostituyó entre los caucheros[8] de Vichada. Aura Villeros, la comadrona[9] que había ayudado a nacer a tres

---

1 encadenadas: vinculadas, relacionadas

2 esclarecer: aclarar, hacer claro

3 estancos: monopolios, posesiones exclusivas

4 penitencia: arrepentimiento, remordimiento

5 se fugó: huyó

6 despecho: rencor

7 teniente: oficial militar

8 caucheros: obreros

9 comadrona: mujer que ayuda a las mujeres a la hora del parto

generaciones, sufrió un espasmo de la vejiga[1] cuando conoció la noticia, y hasta el día de su muerte necesitó una sonda[2] para orinar. Don Rogelio de la Flor, el buen marido de Clotilde Armenta, que era un prodigio de vitalidad a los 86 años, se levantó por última vez para ver cómo desguazaban[3] a Santiago Nasar contra la puerta cerrada de su propia casa, y no sobrevivió a la conmoción. Plácida Linero había cerrado esa puerta en el último instante, pero se liberó a tiempo de la culpa. «La cerré porque Divina Flor me juró que había visto entrar a mi hijo —me contó—, y no era cierto.»[4] Por el contrario, nunca se perdonó el haber confundido el augurio magnífico de los árboles con el infausto[5] de los pájaros, y sucumbió a la perniciosa costumbre de su tiempo de masticar[6] semillas de cardamina.

Doce días después del crimen, el instructor del sumario se encontró con un pueblo en carne viva.[7] En la sórdida oficina de tablas del Palacio Municipal, bebiendo café de olla con ron de caña contra los espejismos del calor, tuvo que pedir tropas de refuerzo para encauzar[8] a la muchedumbre[9] que se precipitaba a declarar sin ser llamada, ansiosa de exhibir su propia importancia en el drama. Acababa de graduarse, y llevaba todavía el vestido de paño negro de la Escuela de Leyes, y el anillo de oro con el emblema de su promoción, y las ínfulas[10] y el lirismo del primíparo[11] feliz. Pero nunca supe su nombre. Todo lo que sabemos de su carácter es aprendido en el sumario, que numerosas personas me ayudaron a buscar veinte años después del crimen en el Palacio de Justicia de Riohacha. No existía clasificación alguna en los archivos, y más de un siglo de expedientes[12] estaban amontonados en el suelo del decrépito edificio colonial que fuera por dos días el cuartel general de Francis Drake. La planta baja se inundaba[13] con el mar de leva, y los volúmenes descosidos[14] flotaban en las oficinas desiertas. Yo mismo exploré muchas veces con

---

1 vejiga: *bladder*
2 sonda: *catheter*
3 desguazaban: deshacían, hacían pedazos
4 cierto: verdad
5 infausto: de mala suerte
6 masticar: acción de los dientes al comer
7 en carne viva: como una herida abierta
8 encauzar: controlar
9 muchedumbre: grupo de mucha gente
10 ínfulas: presunción, vanidad, actitud de altanero
11 primíparo: el hijo que nace primero
12 expedientes: casos, sumarios
13 se inundaba: se llenaba de agua
14 descosidos: deshechos, sueltos, no unidos

las aguas hasta los tobillos[1] aquel estanque[2] de causas perdidas, y sólo una casualidad me permitió rescatar al cabo de cinco años de búsqueda unos 322 pliegos[3] salteados de los más de 500 que debió de tener el sumario.

5   El nombre del juez no apareció en ninguno, pero es evidente que era un hombre abrasado[4] por la fiebre de la literatura. Sin duda había leído a los clásicos españoles, y algunos latinos, y conocía muy bien a Nietzsche, que era el autor de moda entre los magistrados de su tiempo. Las notas marginales, y no sólo por el

10 color de la tinta, parecían escritas con sangre. Estaba tan perplejo con el enigma que le había tocado en suerte, que muchas veces incurrió en distracciones líricas contrarias al rigor de su ciencia. Sobre todo, nunca le pareció legítimo que la vida se sirviera de tantas casualidades prohibidas a la literatura, para que se cum-

15 pliera sin tropiezos[5] una muerte tan anunciada.

    Sin embargo, lo que más le había alarmado al final de su diligencia excesiva fue no haber encontrado un solo indicio, ni siquiera el menos verosímil,[6] de que Santiago Nasar hubiera sido en realidad el causante del agravio. Las amigas de Ángela Vicario

20 que habían sido sus cómplices en el engaño siguieron contando durante mucho tiempo que ella las había hecho partícipes de su secreto desde antes de la boda, pero no les había revelado ningún nombre. En el sumario declararon: «Nos dijo el milagro pero no el santo.» Ángela Vicario, por su parte, se mantuvo en su sitio.

25 Cuando el juez instructor le preguntó con su estilo lateral si sabía quién era el difunto Santiago Nasar, ella le contestó impasible:[7]

    —Fue mi autor.[8]

    Así consta en el sumario, pero sin ninguna otra precisión de modo ni de lugar. Durante el juicio, que sólo duró tres días, el re-

30 presentante de la parte civil puso su mayor empeño[9] en la debilidad de ese cargo. Era tal la perplejidad del juez instructor ante la falta de pruebas contra Santiago Nasar, que su buena labor parece por momentos desvirtuada[10] por la desilusión. En el folio

---

1 tobillos: la parte donde se une el pie a la pierna

2 estanque: depósito de agua

3 pliegos: hojas de papel

4 abrasado: quemado

5 tropiezos: obstáculos, estorbos

6 verosímil: probable

7 impasible: que no muestra emoción

8 autor: escritor; el que comete un crimen

9 empeño: insistencia, obstinación

10 desvirtuada: robada de virtud; destruida

416, de su puño y letra y con la tinta roja del boticario, escribió una nota marginal: *Dadme un prejuicio y moveré el mundo.* Debajo de esa paráfrasis de desaliento,[1] con un trazo feliz de la misma tinta de sangre, dibujó un corazón atravesado por una flecha.[2] Para él, como para los amigos más cercanos de Santiago Nasar, el propio comportamiento de éste en las últimas horas fue una prueba terminante de su inocencia.

La mañana de su muerte, en efecto, Santiago Nasar no había tenido un instante de duda, a pesar de que sabía muy bien cuál hubiera sido el precio de la injuria que le imputaban. Conocía la índole[3] mojigata[4] de su mundo, y debía saber que la naturaleza simple de los gemelos no era capaz de resistir al escarnio.[5] Nadie conocía muy bien a Bayardo San Román, pero Santiago Nasar lo conocía bastante para saber que debajo de sus ínfulas[6] mundanas[7] estaba tan subordinado como cualquier otro a sus prejuicios de origen. De manera que su despreocupación consciente hubiera sido suicida. Además, cuando supo por fin en el último instante que los hermanos Vicario lo estaban esperando para matarlo, su reacción no fue de pánico, como tanto se ha dicho, sino que fue más bien el desconcierto[8] de la inocencia.

Mi impresión personal es que murió sin entender su muerte. Después de que le prometió a mi hermana Margot que iría a desayunar a nuestra casa, Cristo Bedoya se lo llevó del brazo por el muelle, y ambos parecían tan desprevenidos[9] que suscitaron[10] ilusiones falsas. «Iban tan contentos —me dijo Meme Loaiza—, que le di gracias a Dios, porque pensé que el asunto se había arreglado.» No todos querían tanto a Santiago Nasar, por supuesto. Polo Carrillo, el dueño de la planta eléctrica, pensaba que su serenidad no era inocencia sino cinismo. «Creía que su plata lo hacía intocable», me dijo. Fausta López, su mujer, comentó: «Como todos los turcos.» Indalecio Pardo acababa de pasar por la tienda de Clotilde Armenta, y los gemelos le habían dicho que tan pronto como se fuera el obispo matarían a Santiago

---

1 desaliento: desilusión
2 flecha: *arrow*
3 índole: carácter
4 mojigata: hipócrita, se aplica a una persona que finge la piedad o la moralidad
5 escarnio: insulto, agravio
6 ínfulas: pretensiones
7 mundanas: sofisticadas
8 desconcierto: confusión, desorientación
9 desprevenido: tranquilo, no preocupado
10 suscitaron: causaron

Nasar. Pensó, como tantos otros, que eran fantasías de amanecidos, pero Clotilde Armenta le hizo ver que era cierto, y le pidió
que alcanzara a Santiago Nasar para prevenirlo.

—Ni te molestes —le dijo Pedro Vicario—: de todos modos
es como si ya estuviera muerto.

Era un desafío[1] demasiado evidente. Los gemelos conocían
los vínculos de Indalecio Pardo y Santiago Nasar, y debieron pensar que era la persona adecuada para impedir el crimen sin que
ellos quedaran en vergüenza. Pero Indalecio Pardo encontró a
Santiago Nasar llevado del brazo por Cristo Bedoya entre los grupos que abandonaban el puerto, y no se atrevió a prevenirlo. «Se
me aflojó la pasta»,[2] me dijo. Le dio una palmada en el hombro a
cada uno, y los dejó seguir. Ellos apenas lo advirtieron, pues con-
tinuaban abismados en las cuentas de la boda.

La gente se dispersaba hacia la plaza en el mismo sentido
que ellos. Era una multitud apretada,[3] pero Escolástica Cisneros
creyó observar que los dos amigos caminaban en el centro sin
dificultad, dentro de un círculo vacío, porque la gente sabía que
Santiago Nasar iba a morir, y no se atrevían a tocarlo. También
Cristo Bedoya recordaba una actitud distinta hacia ellos. «Nos
miraban como si lleváramos la cara pintada», me dijo. Más aún:
Sara Noriega abrió su tienda de zapatos en el momento en que
ellos pasaban, y se espantó con la palidez de Santiago Nasar.
Pero él la tranquilizó.

—¡Imagínese, niña Sara —le dijo sin detenerse—, con este
guayabo![4]

Celeste Dangond estaba sentado en piyama en la puerta de
su casa, burlándose de los que se quedaron vestidos para saludar
al obispo, e invitó a Santiago Nasar a tomar café. «Fue para ganar
tiempo mientras pensaba», me dijo. Pero Santiago Nasar le contestó que iba de prisa a cambiarse de ropa para desayunar con mi
hermana. «Me hice bolas[5] —me explicó Celeste Dangond— pues
de pronto me pareció que no podían matarlo si estaba tan seguro
de lo que iba a hacer.» Yamil Shaium fue el único que hizo lo que
se había propuesto. Tan pronto como conoció el rumor salió a la
puerta de su tienda de géneros y esperó a Santiago Nasar para

---

1 desafío: algo que presenta un
  peligro o dificultad

2 se me aflojó la pasta: perdí el valor

3 apretada: espesa, densa

4 guayabo: malestar que resulta de
  haber tomado demasiado alcohol

5 me hice bolas: me confundí

prevenirlo. Era uno de los últimos árabes que llegaron con Ibrahim Nasar, fue su socio de barajas[1] hasta la muerte, y seguía siendo el consejero hereditario de la familia. Nadie tenía tanta autoridad como él para hablar con Santiago Nasar. Sin embargo, pensaba que si el rumor era infundado[2] le iba a causar una alarma inútil, y prefirió consultarlo primero con Cristo Bedoya por si éste estaba mejor informado. Lo llamó al pasar. Cristo Bedoya le dio una palmadita en la espalda a Santiago Nasar, ya en la esquina de la plaza, y acudió al llamado de Yamil Shaium.

—Hasta el sábado —le dijo.

Santiago Nasar no le contestó, sino que se dirigió en árabe a Yamil Shaium y éste le replicó también en árabe, torciéndose de risa. «Era un juego de palabras con que nos divertíamos siempre», me dijo Yamil Shaium. Sin detenerse, Santiago Nasar les hizo a ambos su señal de adiós con la mano y dobló la esquina de la plaza. Fue la última vez que lo vieron.

Cristo Bedoya tuvo tiempo apenas de escuchar la información de Yamil Shaium cuando salió corriendo de la tienda para alcanzar a Santiago Nasar. Lo había visto doblar la esquina, pero no lo encontró entre los grupos que empezaban a dispersarse en la plaza. Varias personas a quienes les preguntó por él le dieron la misma respuesta:

—Acabo de verlo contigo.

Le pareció imposible que hubiera llegado a su casa en tan poco tiempo, pero de todos modos entró a preguntar por él, pues encontró sin tranca y entreabierta la puerta del frente. Entró sin ver el papel en el suelo, y atravesó la sala en penumbra tratando de no hacer ruido, porque aún era demasiado temprano para visitas, pero los perros se alborotaron en el fondo de la casa y salieron a su encuentro. Los calmó con las llaves, como lo había aprendido del dueño, y siguió acosado[3] por ellos hasta la cocina. En el corredor se cruzó con Divina Flor que llevaba un cubo de agua y un trapero para pulir[4] los pisos de la sala. Ella le aseguró que Santiago Nasar no había vuelto. Victoria Guzmán acababa de poner en el fogón[5] el guiso[6] de conejos cuando él entró en la cocina. Ella comprendió de inmediato. «El corazón se le estaba

---

1 barajas: naipes (cards)
2 infundado: falso
3 acosado: perseguido
4 pulir: limpiar y hacer brillar

5 fogón: fuego, estufa
6 guiso: comida cocinada por mucho tiempo

saliendo por la boca», me dijo. Cristo Bedoya le preguntó si Santiago Nasar estaba en casa, y ella le contestó con un candor fingido que aún no había llegado a dormir.

—Es en serio —le dijo Cristo Bedoya—, lo están buscando
5 para matarlo.

A Victoria Guzmán se le olvidó el candor.

—Esos pobres muchachos no matan a nadie —dijo.

—Están bebiendo desde el sábado —dijo Cristo Bedoya.

—Por lo mismo —replicó ella—: no hay borracho que se
10 coma su propia caca.[1]

Cristo Bedoya volvió a la sala, donde Divina Flor acababa de abrir las ventanas. «Por supuesto que no estaba lloviendo —me dijo Cristo Bedoya—. Apenas iban a ser las siete, y ya entraba un sol dorado por las ventanas.» Le volvió a preguntar a Divina Flor
15 si estaba segura de que Santiago Nasar no había entrado por la puerta de la sala. Ella no estuvo entonces tan segura como la primera vez. Le preguntó por Plácida Linero, y ella le contestó que hacía un momento le había puesto el café en la mesa de noche, pero no la había despertado. Así era siempre: despertaría a las
20 siete, se tomaría el café, y bajaría a dar las instrucciones para el almuerzo. Cristo Bedoya miró el reloj: eran las 6.56. Entonces subió al segundo piso para convencerse de que Santiago Nasar no había entrado.

La puerta del dormitorio estaba cerrada por dentro, porque
25 Santiago Nasar había salido a través del dormitorio de su madre. Cristo Bedoya no sólo conocía la casa tan bien como la suya, sino que tenía tanta confianza con la familia que empujó la puerta del dormitorio de Plácida Linero para pasar desde allí al dormitorio contiguo.[2] Un haz de sol polvoriento entraba por la claraboya,[3] y
30 la hermosa mujer dormida en la hamaca, de costado, con la mano de novia en la mejilla, tenía un aspecto irreal. «Fue como una aparición», me dijo Cristo Bedoya. La contempló un instante, fascinado por su belleza, y luego atravesó el dormitorio en silencio, pasó de largo frente al baño, y entró en el dormitorio de
35 Santiago Nasar. La cama seguía intacta, y en el sillón estaba el

---

1 caca: palabra vulgar sinónima de mierda, excremento

2 contiguo: junto; con una pared común

3 claraboya: ventana en el techo

sombrero de jinete, y en el suelo estaban las botas junto a las espuelas. En la mesa de noche el reloj de pulsera de Santiago Nasar marcaba las 6.58. «De pronto pensé que había vuelto a salir armado», me dijo Cristo Bedoya. Pero encontró la magnum[1]
5 en la gaveta[2] de la mesa de noche. «Nunca había disparado un arma —me dijo Cristo Bedoya—, pero resolví coger el revólver para llevárselo a Santiago Nasar.» Se lo ajustó en el cinturón, por dentro de la camisa, y sólo después del crimen se dio cuenta de que estaba descargado.[3] Plácida Linero apareció en la puerta con
10 el pocillo de café en el momento en que él cerraba la gaveta.

—¡Santo Dios —exclamó ella—, qué susto me has dado!

Cristo Bedoya también se asustó. La vio a plena luz, con una bata[4] de alondras doradas y el cabello revuelto, y el encanto se había desvanecido.[5] Explicó un poco confuso que había entrado
15 a buscar a Santiago Nasar.

—Se fue a recibir al obispo —dijo Plácida Linero.

—Pasó de largo[6] —dijo él.

—Lo suponía —dijo ella—. Es el hijo de la peor madre.

No siguió, porque en ese momento se dio cuenta de que
20 Cristo Bedoya no sabía dónde poner el cuerpo. «Espero que Dios me haya perdonado —me dijo Plácida Linero—, pero lo vi tan confundido que de pronto se me ocurrió que había entrado a robar.» Le preguntó qué le pasaba. Cristo Bedoya era consciente de estar en una situación sospechosa, pero no tuvo valor para re-
25 velarle la verdad.

—Es que no he dormido ni un minuto —le dijo.

Se fue sin más explicaciones. «De todos modos —me dijo— ella siempre se imaginaba que le estaban robando.» En la plaza se encontró con el padre Amador que regresaba a la iglesia con los
30 ornamentos de la misa frustrada, pero no le pareció que pudiera hacer por Santiago Nasar nada distinto de salvarle el alma. Iba otra vez hacia el puerto cuando sintió que lo llamaban desde la tienda de Clotilde Armenta. Pedro Vicario estaba en la puerta, lívido y desgreñado,[7] con la camisa abierta y las mangas enro-
35 lladas hasta los codos, y con el cuchillo basto que él mismo había

---

1 magnum: arma de fuego

2 gaveta: *drawer*

3 descargado: sin balas *(unloaded)*

4 bata: kimono; lo que se lleva cuando uno está en casa

5 desvanecido: borrado, hecho menos obvio

6 pasó de largo: no se detuvo

7 desgreñado: con el pelo desarreglado

fabricado con una hoja de segueta.[1] Su actitud era demasiado insolente para ser casual, y sin embargo no fue la única ni la más visible que intentó en los últimos minutos para que le impidieran cometer el crimen.

—Cristóbal —gritó—: dile a Santiago Nasar que aquí lo estamos esperando para matarlo.

Cristo Bedoya le habría hecho el favor de impedírselo. «Si yo hubiera sabido disparar[2] un revólver, Santiago Nasar estaría vivo», me dijo. Pero la sola idea lo impresionó, después de todo lo que había oído decir sobre la potencia devastadora de una bala blindada.[3]

—Te advierto que está armado con un magnum capaz de atravesar[4] un motor —gritó.

Pedro Vicario sabía que no era cierto. «Nunca estaba armado si no llevaba ropa de montar», me dijo. Pero de todos modos había previsto que lo estuviera cuando tomó la decisión de lavar la honra de la hermana.

—Los muertos no disparan —gritó.

Pablo Vicario apareció entonces en la puerta. Estaba tan pálido como el hermano, y tenía puesta la chaqueta de la boda y el cuchillo envuelto en el periódico. «Si no hubiera sido por eso —me dijo Cristo Bedoya—, nunca hubiera sabido cuál de los dos era cuál.» Clotilde Armenta apareció detrás de Pablo Vicario, y le gritó a Cristo Bedoya que se diera prisa, porque en este pueblo de maricas[5] sólo un hombre como él podía impedir la tragedia.

Todo lo que ocurrió a partir de entonces fue del dominio público. La gente que regresaba del puerto, alertada por los gritos, empezó a tomar posiciones en la plaza para presenciar[6] el crimen. Cristo Bedoya les preguntó a varios conocidos por Santiago Nasar, pero nadie lo había visto. En la puerta del Club Social se encontró con el coronel Lázaro Aponte y le contó lo que acababa de ocurrir frente a la tienda de Clotilde Armenta.

—No puede ser —dijo el coronel Aponte—, porque yo los mandé a dormir.

—Acabo de verlos con un cuchillo de matar puercos —dijo Cristo Bedoya.

---

1 hoja de segueta: *blade of a saw for cutting metal*
2 disparar: emplear un arma de fuego
3 bala blindada: *reinforced bullet*
4 atravesar: pasar por; penetrar
5 maricas: palabra vulgar para homosexuales
6 presenciar: ver, ser testigo

—No puede ser, porque yo se los quité antes de mandarlos a dormir —dijo el alcalde—. Debe ser que los viste antes de eso.

—Los vi hace dos minutos y cada uno tenía un cuchillo de matar puercos —dijo Cristo Bedoya.

—¡Ah carajo —dijo el alcalde—, entonces debió ser que volvieron con otros!

Prometió ocuparse de eso al instante, pero entró en el Club Social a confirmar una cita de dominó para esa noche, y cuando volvió a salir ya estaba consumado[1] el crimen. Cristo Bedoya cometió entonces su único error mortal: pensó que Santiago Nasar había resuelto a última hora desayunar en nuestra casa antes de cambiarse de ropa, y allá se fue a buscarlo. Se apresuró por la orilla del río, preguntándole a todo el que encontraba si lo habían visto pasar, pero nadie le dio razón.[2] No se alarmó, porque había otros caminos para nuestra casa. Próspera Arango, la cachaca,[3] le suplicó[4] que hiciera algo por su padre que estaba agonizando en el sardinel[5] de su casa, inmune a la bendición fugaz del obispo. «Yo lo había visto al pasar —me dijo mi hermana Margot—, y ya tenía cara de muerto.» Cristo Bedoya demoró cuatro minutos en establecer el estado del enfermo, y prometió volver más tarde para un recurso de urgencia, pero perdió tres minutos más ayudando a Próspera Arango a llevarlo hasta el dormitorio. Cuando volvió a salir sintió gritos remotos y le pareció que estaban reventando[6] cohetes[7] por el rumbo de la plaza. Trató de correr pero se lo impidió el revólver mal ajustado en la cintura. Al doblar la última esquina reconoció de espaldas a mi madre que llevaba casi a rastras[8] al hijo menor.

—Luisa Santiaga —le gritó—: dónde está su ahijado.[9]

Mi madre se volvió apenas con la cara bañada en lágrimas.

—¡Ay, hijo —contestó—, dicen que lo mataron!

Así era. Mientras Cristo Bedoya lo buscaba, Santiago Nasar había entrado en la casa de Flora Miguel, su novia, justo a la vuelta de la esquina donde él lo vio por última vez. «No se me ocurrió que estuviera ahí —me dijo— porque esa gente no se

---

1 consumado: completado, realizado
2 le dio razón: le dio informes
3 cachaca: elegante, formal; de la capital
4 suplicó: pidió con humildad, rogó
5 sardinel: entrada de la casa
6 reventando: haciendo explosiones
7 cohetes: fuegos artificiales
8 a rastras: *dragging*
9 ahijado: *godson*

levantaba nunca antes de medio día.» Era una versión corriente que la familia entera dormía hasta las doce por orden de Nahir Miguel, el varón sabio de la comunidad. «Por eso Flora Miguel, que ya no se cocinaba en dos aguas,[1] se mantenía como una rosa», dice

5   Mercedes. La verdad es que dejaban la casa cerrada hasta muy tarde, como tantas otras, pero eran gentes tempraneras y laboriosas. Los padres de Santiago Nasar y Flora Miguel se habían puesto de acuerdo para casarlos. Santiago Nasar aceptó el compromiso en plena adolescencia, y estaba resuelto a cumplirlo, tal

10 vez porque tenía del matrimonio la misma concepción utilitaria que su padre. Flora Miguel, por su parte, gozaba de una cierta condición floral, pero carecía de gracia y de juicio y había servido de madrina de bodas[2] a toda su generación, de modo que el convenio[3] fue para ella una solución providencial.[4] Tenían un noviazgo fácil,

15 sin visitas formales ni inquietudes del corazón. La boda varias veces diferida estaba fijada por fin para la próxima Navidad.

Flora Miguel despertó aquel lunes con los primeros bramidos del buque del obispo, y muy poco después se enteró de que los gemelos Vicario estaban esperando a Santiago Nasar para matarlo. A mi

20 hermana la monja, la única que habló con ella después de la desgracia, le dijo que no recordaba siquiera quién se lo había dicho. «Sólo sé que a las seis de la mañana todo el mundo lo sabía», le dijo. Sin embargo, le pareció inconcebible que a Santiago Nasar lo fueran a matar, y en cambio se le ocurrió que lo iban a casar a la fuerza con

25 Ángela Vicario para que le devolviera la honra. Sufrió una crisis de humillación. Mientras medio pueblo esperaba al obispo, ella estaba en su dormitorio llorando de rabia, y poniendo en orden el cofre[5] de las cartas que Santiago Nasar le había mandado desde el colegio.

Siempre que pasaba por la casa de Flora Miguel, aunque no

30 hubiera nadie, Santiago Nasar raspaba[6] con las llaves la tela metálica[7] de las ventanas. Aquel lunes, ella lo estaba esperando con el cofre de cartas en el regazo.[8] Santiago Nasar no podía verla desde la calle, pero en cambio ella lo vio acercarse a través de la red metálica desde antes de que la raspara con las llaves.

---

1 ya no se cocinaba en dos aguas: ya no era joven
2 madrina de bodas: *bridesmaid*
3 convenio: acuerdo, compromiso
4 providencial: oportuno, conveniente
5 cofre: caja

6 raspaba: *scratched*
7 tela metálica: *window screen*
8 regazo: parte del cuerpo situada entre la cintura y las rodillas, cuando la persona está sentada *(lap)*

—Entra —le dijo.

Nadie, ni siquiera un médico, había entrado en esa casa a las 6.45 de la mañana. Santiago Nasar acababa de dejar a Cristo Bedoya en la tienda de Yamil Shaium, y había tanta gente pendiente de[1] él en la plaza, que no era comprensible que nadie lo viera entrar en casa de su novia. El juez instructor buscó siquiera una persona que lo hubiera visto, y lo hizo con tanta persistencia como yo, pero no fue posible encontrarla. En el folio 382 del sumario escribió otra sentencia marginal con tinta roja: *La fatalidad nos hace invisibles.* El hecho es que Santiago Nasar entró por la puerta principal, a la vista de todos, y sin hacer nada por no ser visto. Flora Miguel lo esperaba en la sala, verde de cólera,[2] con uno de los vestidos de arandelas[3] infortunadas[4] que solía llevar en las ocasiones memorables, y le puso el cofre en las manos.

—Aquí tienes —le dijo—. ¡Y ojalá te maten!

Santiago Nasar quedó tan perplejo, que el cofre se le cayó de las manos, y sus cartas sin amor se regaron por el suelo. Trató de alcanzar a Flora Miguel en el dormitorio, pero ella cerró la puerta y puso la aldaba.[5] Tocó varias veces, y la llamó con una voz demasiado apremiante[6] para la hora, así que toda la familia acudió alarmada. Entre consanguíneos[7] y políticos,[8] mayores y menores de edad, eran más de catorce. El último que salió fue Nahir Miguel, el padre, con la barba colorada y la chilaba[9] de beduino que trajo de su tierra, y que siempre usó dentro de la casa. Yo lo vi muchas veces, y era inmenso y parsimonioso,[10] pero lo que más me impresionaba era el fulgor[11] de su autoridad.

—Flora —llamó en su lengua—. Abre la puerta.

Entró en el dormitorio de la hija, mientras la familia contemplaba absorta a Santiago Nasar. Estaba arrodillado en la sala, recogiendo las cartas del suelo y poniéndolas en el cofre. «Parecía una penitencia», me dijeron. Nahir Miguel salió del dormitorio al cabo de unos minutos, hizo una señal con la mano y la familia entera desapareció.

---

1 pendiente de: esperando

2 cólera: ira, enojo, rencor

3 arandelas: *ruffles*

4 infortunadas: desgraciadas, de mala suerte

5 aldaba: tranca, lo que se usa para cerrar bien una puerta

6 apremiante: urgente

7 consanguíneos: parientes por sangre

8 políticos: parientes por casamiento

9 chilaba: prenda de vestir larga, que usan los árabes

10 parsimonioso: prudente

11 fulgor: brillantez

Siguió hablando en árabe a Santiago Nasar. «Desde el primer momento comprendí que no tenía la menor idea de lo que le estaba diciendo», me dijo. Entonces le preguntó en concreto si sabía que los hermanos Vicario lo buscaban para matarlo. «Se puso pálido, y perdió de tal modo el dominio, que no era posible creer que estaba fingiendo», me dijo. Coincidió en que su actitud no era tanto de miedo como de turbación.[1]

—Tú sabrás si ellos tienen razón, o no —le dijo—. Pero en todo caso, ahora no te quedan sino dos caminos: o te escondes aquí, que es tu casa, o sales con mi rifle.

—No entiendo un carajo —dijo Santiago Nasar.

Fue lo único que alcanzó a decir, y lo dijo en castellano. «Parecía un pajarito mojado», me dijo Nahir Miguel. Tuvo que quitarle el cofre de las manos porque él no sabía dónde dejarlo para abrir la puerta.

—Serán dos contra uno —le dijo.

Santiago Nasar se fue. La gente se había situado en la plaza como en los días de desfiles.[2] Todos lo vieron salir, y todos comprendieron que ya sabía que lo iban a matar, y estaba tan azorado[3] que no encontraba el camino de su casa. Dicen que alguien gritó desde un balcón: «Por ahí no, turco, por el puerto viejo.» Santiago Nasar buscó la voz. Yamil Shaium le gritó que se metiera en su tienda, y entró a buscar su escopeta[4] de caza, pero no recordó dónde había escondido los cartuchos.[5] De todos lados empezaron a gritarle, y Santiago Nasar dio varias vueltas al revés y al derecho, deslumbrado[6] por tantas voces a la vez. Era evidente que se dirigía a su casa por la puerta de la cocina, pero de pronto debió darse cuenta de que estaba abierta la puerta principal.

—Ahí viene —dijo Pedro Vicario.

Ambos lo habían visto al mismo tiempo. Pablo Vicario se quitó el saco, lo puso en el taburete, y desenvolvió el cuchillo en forma de alfanje. Antes de abandonar la tienda, sin ponerse de acuerdo, ambos se santiguaron.[7] Entonces Clotilde Armenta agarró

---

1 turbación: inquietud, falta de tranquilidad
2 desfiles: *parades*
3 azorado: confuso
4 escopeta: arma de fuego
5 cartuchos: *cartridges*

6 deslumbrado: confuso
7 se santiguaron: se hicieron la señal de la cruz con la mano

a Pedro Vicario por la camisa y le gritó a Santiago Nasar que corriera porque lo iban a matar. Fue un grito tan apremiante[1] que apagó a los otros. «Al principio se asustó —me dijo Clotilde Armenta—, porque no sabía quién le estaba gritando, ni de dónde.» Pero cuando la vio a ella vio también a Pedro Vicario, que la tiró por tierra con un empellón,[2] y alcanzó al hermano. Santiago Nasar estaba a menos de 50 metros de su casa, y corrió hacia la puerta principal.

Cinco minutos antes, en la cocina, Victoria Guzmán le había contado a Plácida Linero lo que ya todo el mundo sabía. Plácida Linero era una mujer de nervios firmes, así que no dejó traslucir ningún signo de alarma. Le preguntó a Victoria Guzmán si le había dicho algo a su hijo, y ella le mintió a conciencia, pues contestó que todavía no sabía nada cuando él bajó a tomar el café. En la sala, donde seguía trapeando[3] los pisos, Divina Flor vio al mismo tiempo que Santiago Nasar entró por la puerta de la plaza y subió por las escaleras de buque de los dormitorios. «Fue una visión nítida»,[4] me contó Divina Flor. «Llevaba el vestido blanco, y algo en la mano que no pude ver bien, pero me pareció un ramo de rosas.» De modo que cuando Plácida Linero le preguntó por él, Divina Flor la tranquilizó.

—Subió al cuarto hace un minuto —le dijo.

Plácida Linero vio entonces el papel en el suelo, pero no pensó en recogerlo, y sólo se enteró de lo que decía cuando alguien se lo mostró más tarde en la confusión de la tragedia. A través de la puerta vio a los hermanos Vicario que venían corriendo hacia la casa con los cuchillos desnudos. Desde el lugar en que ella se encontraba podía verlos a ellos, pero no alcanzaba a ver a su hijo que corría desde otro ángulo hacia la puerta. «Pensé que querían meterse para matarlo dentro de la casa», me dijo. Entonces corrió hacia la puerta y la cerró de un golpe. Estaba pasando la tranca[5] cuando oyó los gritos de Santiago Nasar, y oyó los puñetazos[6] de terror en la puerta, pero creyó que él estaba arriba, insultando a los hermanos Vicario desde el balcón de su dormitorio. Subió a ayudarlo.

---

1 apremiante: urgente
2 empellón: acción de empujar
3 trapeando: limpiando
4 nítida: clara

5 tranca: palo que se usa para cerrar bien una puerta
6 puñetazos: golpes dados con la mano cerrada

Santiago Nasar necesitaba apenas unos segundos para entrar cuando se cerró la puerta. Alcanzó a golpear varias veces con los puños,[1] y en seguida se volvió para enfrentarse a manos limpias con sus enemigos. «Me asusté cuando lo vi de frente —me dijo Pablo Vicario—, porque me pareció como dos veces más grande de lo que era.» Santiago Nasar levantó la mano para parar el primer golpe de Pedro Vicario, que lo atacó por el flanco derecho con el cuchillo recto.

—¡Hijos de puta! —gritó.

El cuchillo le atravesó la palma de la mano derecha, y luego se le hundió hasta el fondo en el costado.[2] Todos oyeron su grito de dolor.

—¡Ay mi madre!

Pedro Vicario volvió a retirar el cuchillo con su pulso[3] fiero de matarife, y le asestó un segundo golpe casi en el mismo lugar. «Lo raro es que el cuchillo volvía a salir limpio —declaró Pedro Vicario al instructor—. Le había dado por lo menos tres veces y no había una gota de sangre.» Santiago Nasar se torció con los brazos cruzados sobre el vientre después de la tercera cuchillada, soltó un quejido[4] de becerro,[5] y trató de darles la espalda. Pablo Vicario, que estaba a su izquierda con el cuchillo curvo, le asestó entonces la única cuchillada en el lomo,[6] y un chorro de sangre a alta presión le empapó[7] la camisa. «Olía como él», me dijo. Tres veces herido de muerte, Santiago Nasar les dio otra vez el frente, y se apoyó de espaldas contra la puerta de su madre, sin la menor resistencia, como si sólo quisiera ayudar a que acabaran de matarlo por partes iguales. «No volvió a gritar —dijo Pedro Vicario al instructor—. Al contrario: me pareció que se estaba riendo.» Entonces ambos siguieron acuchillándolo contra la puerta, con golpes alternos y fáciles, flotando en el remanso[8] deslumbrante[9] que encontraron del otro lado del miedo. No oyeron los gritos del pueblo entero espantado de su propio crimen. «Me sentía como cuando uno va corriendo en un caballo», declaró Pablo Vicario. Pero ambos despertaron de pronto a la realidad, porque

---

1 puño: mano cerrada
2 costado: el lado del cuerpo
3 pulso: muñeca (wrist)
4 quejido: voz que expresa pena o dolor
5 becerro: vaca muy joven

6 lomo: espalda
7 empapó: mojó
8 remanso: depósito de agua
9 deslumbrante: brillante

estaban exhaustos, y sin embargo les parecía que Santiago Nasar no se iba a derrumbar[1] nunca. «¡Mierda, primo —me dijo Pablo Vicario—, no te imaginas lo difícil que es matar a un hombre!» Tratando de acabar para siempre, Pedro Vicario le buscó el corazón, pero se lo buscó casi en la axila,[2] donde lo tienen los cerdos. En realidad Santiago Nasar no caía porque ellos mismos lo estaban sosteniendo a cuchilladas contra la puerta. Desesperado, Pablo Vicario le dio un tajo[3] horizontal en el vientre, y los intestinos completos afloraron con una explosión. Pedro Vicario iba a hacer lo mismo, pero el pulso se le torció de horror, y le dio un tajo extraviado en el muslo.[4] Santiago Nasar permaneció todavía un instante apoyado contra la puerta, hasta que vio sus propias vísceras al sol, limpias y azules, y cayó de rodillas.

Después de buscarlo a gritos por los dormitorios, oyendo sin saber dónde otros gritos que no eran los suyos, Plácida Linero se asomó a la ventana de la plaza y vio a los gemelos Vicario que corrían hacia la iglesia. Iban perseguidos de cerca por Yamil Shaium, con su escopeta de matar tigres, y por otros árabes desarmados y Plácida Linero pensó que había pasado el peligro. Luego salió al balcón del dormitorio, y vio a Santiago Nasar frente a la puerta, bocabajo en el polvo, tratando de levantarse de su propia sangre. Se incorporó[5] de medio lado, y se echó a andar en un estado de alucinación, sosteniendo[6] con las manos las vísceras colgantes.

Caminó más de cien metros para darle la vuelta completa a la casa y entrar por la puerta de la cocina. Tuvo todavía bastante lucidez para no ir por la calle, que era el trayecto más largo, sino que entró por la casa contigua. Poncho Lanao, su esposa y sus cinco hijos no se habían enterado de lo que acababa de ocurrir a 20 pasos de su puerta. «Oímos la gritería —me dijo la esposa—, pero pensamos que era la fiesta del obispo.» Empezaban a desayunar cuando vieron entrar a Santiago Nascar empapado de sangre llevando en las manos el racimo[7] de sus entrañas. Poncho Lanao me dijo: «Lo que nunca pude olvidar fue el terrible olor a mierda.» Pero Argénida Lanao, la hija mayor, contó que Santiago Nasar caminaba con la prestancia[8] de siempre, midiendo bien los

---

1 derrumbarse: caerse
2 axila: *armpit*
3 tajo: golpe dado con el cuchillo
4 muslo: parte superior de la pierna
5 se incorporó: se levantó
6 sosteniendo: aguantando, manteniendo
7 racimo: *bouquet*
8 prestancia: elegancia de sus movimientos

pasos, y que su rostro de sarraceno con los rizos alborotados estaba más bello que nunca. Al pasar frente a la mesa les sonrió, y
siguió a través de los dormitorios hasta la salida posterior de la
casa. «Nos quedamos paralizados de susto», me dijo Argénida
Lanao. Mi tía Wenefrida Márquez estaba desescamando[1] un
sábalo[2] en el patio de su casa al otro lado del río, y lo vio descen-
der las escalinatas del muelle antiguo buscando con paso firme el
rumbo[3] de su casa.

—¡Santiago, hijo —le gritó—, qué te pasa!

Santiago Nasar la reconoció.

—Que me mataron, niña Wene —dijo.

Tropezó en el último escalón, pero se incorporó[4] de inmediato. «Hasta tuvo el cuidado de sacudir con la mano la tierra que
le quedó en las tripas»,[5] me dijo mi tía Wene. Después entró en
su casa por la puerta trasera, que estaba abierta desde las seis, y
se derrumbó[6] de bruces[7] en la cocina.

---

1 desescamando: preparando,
   limpiando pescado
2 sábalo: clase de pescado
3 rumbo: camino, dirección, ruta
4 se incorporó: se levantó

5 tripas: vísceras, entrañas
6 se derrumbó: se cayó
7 de bruces: sobre la cara; boca abajo

Capítulo 5

A. Preguntas de comprensión

1 ¿Qué llega a ser la fascinación u obsesión de todo el pueblo?

2. ¿Cuál es el efecto del asesinato sobre varias personas que son testigos o que han desempeñado algún papel en el drama?

3. ¿Qué estorbo encuentra el autor cuando trata de conseguir el sumario del juez?

4. ¿Qué se sabe de la personalidad del juez gracias a lo que se escribe en el sumario?

5. Cuando Cristo Bedoya le dice a Lázaro Aponte que los gemelos están a punto de matar a Santiago, el jefe de policía no puede creerlo. ¿Por qué? ¿De qué manera confirma esta escena la opinión que ya tenemos de Lázaro Aponte?

6. ¿Por dónde ha desaparecido Santiago mientras Cristo Bedoya lo está buscando?

7. Flora Miguel no previene a Santiago del peligro. ¿Por qué? Por fin, ¿quién le avisa?

8. Mientras Santiago está corriendo desde la casa de Flora Miguel hasta su propia casa, ¿por qué se confunde tanto? Describe brevemente la escena.

9. Santiago Nasar, perseguido por los gemelos, trata de entrar en su casa por la puerta principal. ¿Por qué? ¿Quién la cierra en el último momento? ¿Por qué?

B. Preguntas de pensamiento y discusión

1. De todos los acontecimientos asociados con la tragedia, ¿de cuál puede perdonarse Plácida Linero? ¿Cuál es el único del que no puede perdonarse? ¿Qué ironía se encuentra aquí?

2. Cuando el juez le pregunta a Ángela si sabe quién es Santiago Nasar, ella contesta «Fue mi autor». «Autor» se puede interpretar de dos maneras: 1) el autor de una obra o de un personaje literario, 2) el ejecutor o hacedor de un

crimen. ¿Cómo es posible aplicar las dos interpretaciones a la respuesta de Ángela? En tu opinión, ¿qué quiere decir Ángela al contestar «Fue mi autor»?

3. La nota marginal en el sumario del juez, «Dadme un prejuicio y moveré el mundo» es una paráfrasis del comentario de Arquímedes (matemático y físico griego) sobre el uso de la palanca:[1] «*Give me where to stand and I will move the earth.*» ¿Qué significa este comentario del juez? ¿Qué tema de la novela se refleja aquí? ¿Cuál es la actitud de García Márquez sobre el crimen y los varios prejuicios e hipocresías de la gente? ¿De qué manera se contrastan con la sinceridad de María Alejandrina Cervantes?

4. En la página 101 se dice que si Santiago Nasar de veras hubiera sido culpable de causar el agravio, su falta de preocupación después de la boda «hubiera sido suicida.» ¿Por qué? ¿Qué entiende Santiago con respecto a su sociedad? ¿Y Bayardo San Román? ¿Y los gemelos?

5. Mientras que Cristo Bedoya está en la casa de Santiago Nasar, buscándolo, ¿qué impresión equivocada tiene Plácida Linero? ¿Puedes pensar en otras percepciones equivocadas a lo largo de la novela? En tu opinión, ¿cuál es el propósito del autor al incluir estas equivocaciones y diferencias de percepciones?

6. En la página 108 se describe la actitud de Santiago Nasar y de Flora Miguel con respecto a su matrimonio. Describe las actitudes y los motivos de los dos. El autor describe su relación como «un noviazgo fácil, sin visitas formales ni inquietudes del corazón.» ¿Cuál es el tono de este comentario? ¿Cuál parece ser la opinión del autor sobre el noviazgo de Santiago y Flora?

7. ¿Cuál es la reacción de Flora Miguel al oír del peligro en el que se encuentra Santiago? ¿De qué se preocupa ella? ¿Cuál es nuestra impresión de Flora Miguel? ¿Qué tiene en común con Pura Vicario?

---

1 palanca: *lever*

8. Es extraño que nadie haya visto a Santiago entrar en la casa de Flora Miguel, a pesar de que muchos lo buscaban para avisarle. La explicación del juez es que «la fatalidad nos hace invisibles» (p. 109). Explica la importancia de la fatalidad o el destino en *Crónica*.

9. De todas las razones citadas en este capítulo por no haber avisado a Santiago, ¿cuál te parece la más irónica? ¿Y la más tonta? ¿Y la más maliciosa?

10. ¿Cómo reacciona Santiago al oír por fin que los gemelos lo esperan para matarlo? Esta reacción, ¿te convence más de su inocencia o de su culpa? Explica.

11. ¿Qué impresión o sentimientos nos provoca la descripción del asesinato de Santiago? Imagínate la escena en la que Santiago pasa por el comedor de sus vecinos. ¿Cuál es el efecto de esta escena? ¿Puedes imaginarte el propósito del autor al describirla así?

C. Ensayo

Al juez «nunca le pareció legítimo que la vida se sirviera de tantas casualidades prohibidas a la literatura, para que se cumpliera sin tropiezos una muerte tan anunciada» (p. 100). Comenta el significado de esta cita en términos de *Crónica*, y en términos de la relación entre la ficción y la realidad en general.

D. Diálogo

Imagínate que se celebra el juicio contra los gemelos Vicario en una corte de justicia. Según el abogado de la acusación, los gemelos mataron a Santiago Nasar a sangre fría, son plenamente responsables, y deben sufrir la pena de muerte. Según el abogado que defiende a los gemelos, ellos son víctimas de la sociedad con su código de honor y sus estereotipos del machismo. Con un compañero de clase, presenta los argumentos contrarios de los dos abogados.

TEMAS FINALES

1. En su estilo tanto como en su contenido *Crónica de una muerte anunciada* representa una mezcla de periodismo y ficción. En un ensayo bien organizado analiza la combinación de estos dos elementos. Apoya tus opiniones con ejemplos específicos de la novela.

2. Varios sucesos y personajes de la novela se presentan desde puntos de vista diferentes. En un ensayo bien organizado comenta la multiplicidad de perspectivas o múltiples verdades en la novela. ¿Qué se implica respecto de la relación entre la realidad y la ficción?

3. Discute los elementos de la novela que apoyan la inocencia o la culpabilidad de Santiago Nasar. ¿Cuál es tu opinión? ¿Por qué no aclara el asunto el autor?

4. En un ensayo bien organizado analiza el uso de lo absurdo o lo grotesco en la novela. ¿Qué elementos satíricos se encuentran? Fíjate en el tratamiento de instituciones sociales como la iglesia, la autoridad civil, etc.

5. En un ensayo bien organizado analiza el uso de la ironía en *Crónica*. Incluye ejemplos específicos del texto.

6. La hipocresía es una fuerza poderosa en la novela. En un ensayo bien organizado, citando ejemplos específicos, analiza la hipocresía del individuo, la sociedad y los códigos sociales, tal como se revelan en la novela.

7. En un ensayo bien organizado, citando ejemplos específicos de la novela, discute la aceptación del ser humano y el cariño que muestra García Márquez hacia sus personajes.

8. En tu opinión, ¿cuál es el tema más importante de la novela? Contesta en un ensayo bien organizado.

9. García Márquez describe el asesinato de Santiago Nasar como «una muerte cuyos culpables podríamos ser todos» (p. 80), reflejando así el elemento de crítica social de la novela. En un ensayo bien organizado, comenta sobre el tema de la crítica social en *Crónica de una muerte anunciada*.

Glosario

A

abismado lost in thought

abotonar to button

abrasar to burn

abrazar to embrace

abrigar to harbor

absuelto absolved, cleared of guilt

acabar to finish, to finish off; to use up, to run out of; to get rid of, to destroy; **acabar de** to have just

acartonado stiff like cardboard

acera sidewalk

acercarse to approach

acero steel

acertijo puzzle

acezante panting

aciago unfortunate; sad; fateful

aclarar to clear up

acólito altar boy

acompañar to accompany

aconsejar to advise

acontecimiento event

acordarse de (ue) to remember

acosar to persue

acreditar to prove, to verify

acuchillar to stab with a knife

acuerdo agreement

adecuado correct

adelantarse to go ahead of

además besides, in addition

adiestrar to instruct

adivinación telepathy, mind reading; guess

adorno decoration

adquirir (ie) to acquire

aduana customs house

advertir (ie) to notice; to warn

afecto affection

afeitarse to shave

afilar to sharpen

afligir to afflict, to trouble

aflojar to grow weak

aflorar to spring forth

agarrar to clutch; to grab

agonizar to be dying; to be in agony

agotamiento exhaustion

agotar to use up; to wear out; to drain

agradecido grateful

agravar to get worse; to make worse; to aggravate

agravio offense, injury

aguamanil wash stand

aguardar to wait

aguardiente de caña rum

aguja needle

ahijado godson

ajenjo absinth

ajeno of other people, pertaining to others, another's

ala wing

alambre wire

alba dawn

albedrío will, volition

alborotar to upset, to stir up, to arouse; **alboroto** noise; fuss, commotion; **alborotado** upset, disordered

alborozo joy; excitement

alcalde mayor

alcanzar to reach; to catch up with; to be enough for

aldaba dead bolt

aldea village

alejarse to go away from

alertar to warn, to alert

aleteando fluttering

alfanje scimitar, a kind of curved sword

alforja saddlebag

aliento breath

alimentar to feed

aliviar to relieve, aleviate

alivio relief

alma soul

almendro almond tree

almíbar syrup

almidón starch

almohada pillow

alondra lark

alquiler the rent

altanería falconry

altanero haughty, arrogant

alterar to change, alter

alternar to alternate

altivo haughty, arrogant

altura height

alucinación hallucination

alumbre alum, an astringent

alzado higher, taller

amaestrado trained

amaestrar to tame

amanecer dawn; to dawn; **amanecido** early riser

amargar to make bitter

amarrado tied up

ambos both

amenazar to threaten; **amenaza** threat

amontonado piled up

amortajar to shroud

amparo protection, shelter

amplio large, ample

anémona anemone; kind of flower

angosto narrow

angustia anguish; anxiety

anhelo desire

anillo ring

ánima soul

animar to give life to; to encourage

ánimo spirit, will

ansioso eager; **ansiedad** anxiety, eagerness

anterior before, preceding

anticipar to stay ahead of; **anticipado** ahead of time

antiparras glasses

apaciguar to calm

apagar to extinguish, to turn off; **apagado** turned off

apagar to put out a light

aparentar to fake, to pretend

apartar to separate; to push aside, out of the way; to remove

apenas hardly; barely

apero tool

apetitoso appetizing

aplanchado pressed

aportar to contribute

aposento bedroom

apostólico apostolic, relating to desciples who try to convert others

aprecio esteem, high regard

apremiado urged on; **apremiante** urgent

apresurar to rush, hurry

apretar (ie) to hold tight, squeeze; **apretado** thick

arandela ruffle

archivos archives, files

ardiente burning

arenas movedizas quicksand

argolla ring

arma weapon

armario closet

árnica medicinal plant

arrancar to tear out, pull out; to start up a machine

arrasar con to demolish, do away with; to destroy

arrastrar to drag

arrepentirse (ie) to repent, to be sorry; **arrepentimiento** remorse, regret

arroz rice

artesano artisan, craftsman

artificio trick

artimaña trick

asar to roast

asegurar to assure

asestar to deal (a blow)

asignar to assign

asomar to peek out, to appear

asombro surprise

astillas fragments, pieces

asunto subject, business

asustarse to be scared, startled; **asustado** frightened

ataúd coffin

aterrorizado terrified

atónito amazed, astonished

atracado moored

atrás rear, back

atrasado held back, stored up

atravesar (ie) to cross; to go through

atreverse a to dare to

atrio front steps

atuendo clothing

aturdido confused

augurar to augur, bode, predict

augurio augury, omen, presage, sign

aullar to howl

aumentar to increase

auscultar to listen with a stethoscope

autor (m) author; perpetrator

avanzar to advance, to proceed

ave (f) bird

aventurarse to venture; to risk

avisar to warn; **aviso** warning

axila armpit

ayunas fasting, not eating

azahar orange blossom

azorado confused

B

babilónico huge, tall

bailarín dancer

bala bullet

balde bucket

baldosa tile

bandera flag

barajas cards

baranda deck; banister

barba beard

bárbaro cruel; rude; crude; barbarous

barcaza barge

barra bar

barrer to sweep

bastidor embroidery frame

basto crude, rough

bastón cane, walking stick

basura garbage

baúl trunk

bautisterio place where baptisms are performed

bazar bazaar, fair, carnival

becerro calf

bendecir (i) to bless; blessing

berenjena eggplant

besar to kiss

billete bill, folding money; ticket; note

blenorragia infection of the urethra

blindado reinforced

bobo dummy, fool

bocabajo face down

bocina horn

boda wedding

bolillo wooden bar

borboritar to bubble

bordar to embroider; **bordado** embroidery

bordear to pass by

borracho drunk; **borrachera** drunkenness

botar to throw out

boticario druggist

botín boot

botiquín medicine cabinet

boyardo feudal lord

bozo upper lip

bramante twine

bramar to bellow; **bramido** blast of sound, bellow

brasa coal

brazada swimming stroke

brazal armband

brisa breeze

brocha brush

broma joke

bruces, de bruces on one's face

bruto stupid

buharda attic

bulla noise, uproar

buque (m) boat

burlarse de to make fun of; **burlado** mocked, insulted

búsqueda search

C

caballeriza stable

cabezal head of a bed or hammock

cabo end

cabritilla kidskin, leather

caca vulgar word for excrement

cachaca dandy

cachivache junk

cafetera coffee pot

cagada vulgar word for excrement

cal viva quick lime

calabazo lantern

calabozo jail; cell

calentar (ie) to heat

camarote small room; cabin on a ship

campal of the field

campana bell

campanilla bell

campanilleo jingling

cana grey hair

caña sugar cane

canasta basket

candado lock

candela fire

cantina bar; barroom

capaz capable, able

capota top (of a car)

caqui khaki

cara face; side; surface

carajo expletive roughly equivalent to "hell"

carcacha carcass

cardamina peppergrass; pepper cress (a spice)

carecer de to lack

cargamento cargo, load

cargar to load; carga burden; load

cargo, hacerse cargo to take charge of

caribañola fritter

caridad charity

carne viva open wound

carnicero butcher

carpintero carpenter

cartucho cartridge

cascarón shell

castrar to geld, castrate

casualidad chance, accident, coincidence

catadura face; appearance

catre cot

cauchero rubber worker

cautela caution

cebar to feed

cebolla onion

ceder to give in

ceniciento ashen

centenario one hundred years old

céntimo cent, penny

cerca fence

cerdo pig; pork

cerrero untamed; strong; bitter

cerrojo lock

certero true, accurate

certidumbre certainty

cetrería falconry

chaleco vest

chanchullo trick

chilada robe, caftan

chiquero pigpen

chistera high silk hat

chocar to hit, strike against, collide with

chorrear to drip

chorro spurt; shot of alcohol

cicatriz scar

ciego blind

ciénaga swamp

cierto true; certain

cifra figure, number

cinismo cynicism

cinta ribbon

cinto belt

cintura waist

cirugía surgery

cirujano surgeon

citar to cite, refer to

claraboya skylight

clavado nailed

cobertera woman of ill repute

cobrar to charge; to collect a debt or prize

cobre (m) copper

cocinera cook

codo elbow

cofre (m) box

cogollo heart or shoot of a plant (used as symbol of virginity)

cohete fireworks

coincidir to coincide, to happen at the same time; to agree

colchón mattress

cólera rage

colerina diarrhea

colgar (ue) to hang; colgante hanging

colina hill

colmo height; extreme point

colocar to place

colorado red

comadre midwife; pal

comadrona midwife

compadecer to feel compassion for

compartir to share

complacer to please

cómplice (m&f) accomplice

complicidad complicity, cooperation

componer to fix, repair

comportamiento behavior

comprensible understandable, comprehensible

comprobar (ue) to prove; to verify; **comprobación** proof; certainty

comprometer to become involved in; to risk

compromiso obligation; duty; promise; predicament, difficult situation; engagement

comulgar to receive communion

concebible believeable

conciliar to arrange

condecoración decoration, medal

conduerma drowsiness

conejo rabbit

confabulación plot

confianza confidence; familiarity

conformarse to settle

confundir to confuse; **confundible** capable of being confused

consagrar to consecrate; to dedicate; **consagratorio** one who blesses

consanguíneo related by blood

conseguir (i) to get, to obtain

consejero advisor

conservar to keep, retain; to conserve

consolar (ue) to console, comfort

constar to be clear

consumar to consumate, to finish, to complete

contiguo adjoining, near-by

contrabando contraband, smuggling

contrariedad annoyance

convenio agreement

coraza armor; shell

corbatín tie; bow tie

cordero lamb

cornada act of being gored

cornisa edge

corona crown

corpiño corset; bra

correa belt

correazo lash from a whip

correo mail

coser to sew

cosido sewn

costado side

costilla rib, chop, cutlet

crecer to grow

crepuscular pertaining to twilight

cresta cockscomb

criadero pig pen; breeding place

criar to raise, bring up; **crianza** raising of children; upbringing

criatura creature; baby; child

cruda hangover

crudo raw

cruzar to cross; **cruz** cross

cuajo, de cuajo by the roots

cuartel support or compassion; living quarters

cuartelario military

cubierto place setting

cubo pail

cuchicheo whisper, whispering

cuchilla blade

cuchillo knife

cuello neck

cuenta, darse cuenta de to be aware of

cuero leather

cuidar to take care of

culpa guilt, blame; **culpable** guilty; guilty one

cumbiamba lively dance

cumplir to comply, to fulfill; to reach one's birthday

custodiar to take care of, watch over; **custodia** custodian, guard

D

dardo dart

dato fact

deber to ought to; **debido a** owing to, because of

defraudado cheated

degollar to cut off the head

dejar de to stop, quit

delantal apron

delatar to reveal, betray

delicia delight

demoler (ue) to demolish

demorar to delay; to hesitate

depósito warehouse

depurado elegant

deriva adrift

derramar to spill

derrumbar to fall

desacuerdo disagreement

desafiar to challenge; **desafío** challenge

desaguarse to lose fluid

desahogo release of emotion

desaliento disappointment; discouragement

desamparado helpless

desarmado unarmed

desatar to let loose, let go

desbaratar to destroy; **desbaratarse** to fall apart

desbarrancar to go over a cliff

desbordarse to overflow

desbravar to tame

descalzo barefoot

descamar to scale (fish)

descarriado stray, wandering

descartar to discount

descolgar (ue) to drop down; to take down

descomunal enormous, huge

desconcierto confusion

desconsuelo grief, affliction

descosido unsewn; loose

descuartizar to quarter, to cut up

descuidar to ignore; to neglect

desdicha sadness

desembarcar to get off the boat

desenterrar (ie) to dig up

desentonar to play out of tune

desesperado desperate, despairing

desfile (m) parade

desgaire sloppily

desgarrador shattering

desgracia misfortune; grief; disgrace; **desgraciado** unfortunate; disgraceful

desgreñado disheveled

desguazar to break up

desilusión disillusionment

deslumbrado puzzled

deslumbrante dazzling

desmigajarse to crumble

desnudar to undress; **desnudo** naked

despachar to send away, dispatch

despedir (i) to say good-bye

desperdicio waste, garbage

desperdigado scattered

desportillada chipped

despreciar to scorn

despreocupación lack of worry

desprevenido unprepared

despuntar to show up; to start out

desquiciado crazy, mad

destazar to cut up, to carve up

destellar to sparkle

destrampado set free

destripar to remove the innards

destrozar to destroy; **destrozo** damage

desuso disuse

desvalido helpless; needy

desvanecer to faint

desvarío madness

desvelado awake, sleepless

desventura misfortune

desvirtuado diminished in value

detalle detail

detener to detain

devastador devastating

diablo devil

dibujar to draw; to design

dicha happiness

diestro able

diferido deferred, put off

difunto deceased, dead person

digno worthy

diligencia task

discrepancia discrepancy, difference of opinion

disfrazar to disguise; **disfraz** disguise

disimular to hide

disminuido reduced, diminished

disparar to fire a weapon

dispensa excuse, exemption from a duty

disperso scattered

disponer de to have available

distinguir to distinguish; to tell apart

disuadir to dissuade

diurético diuretic, medicine to induce urination

divisar to see, glimpse, catch sight of

divulgar to divulge, reveal

doblar to turn

doler (ue) to hurt; **dolor** pain

dominical pertaining to Sundays

doncella maiden, virgin

dorado golden

dorso back

duda doubt

duelo mourning, grief

dueño owner

E

efímero fleeting

eludir to avoid

embadurnar to smear

embargo, sin embargo nevertheless

emborrachar to make drunk

embutido stuffed

empapar to soak; **empapado** soaked

empecinado stubborn

empellón shove

emperrarse to be stubborn

empollar to breed

empujar to push

enardecido riled up; angered

encadenado linked

encaje lace

encañonado blocked in

encantador charming

encarcelar to emprison

encarnizamiento violence, rage

encauzar to guide, to conduct

encefálico encephalic, pertaining to the brain

encender (ie) to put on a light; to set a fire

encerrar (ie) to lock up

enchapado coated

encima on top of

enderezar to fix up

enfardelar to bale, baling

enfrente facing

engañar to deceive

engendrar to engender, give rise to; **engendro** creation

engrudo starch

enigmático enigmatic, puzzling

enloquecer to drive crazy; **enloquecido** crazed; driven crazy

enredo mess

ensangrentado bloody

ensopado soaked

enterarse de to find out about

enterrar (ie) to bury; **entierro** burial, funeral

entrada entrance

entrañas innards, guts

entreabierto partly opened

envejecido aged, grown old

envenenar to poison

envolver (ue) to wrap up; **envuelto** wrapped up

época era, time period

equivocarse to make a mistake

equívoco double meaning

esbelto slim

escalera stairway; ladder

escalinata stairs

escalón (m) step, stair

escándalo scandal

escaparate (m) wardrobe, closet

escarnio insult, jeering

escaso scarce

esclarecer to clear up

esclavo slave

escoba broom

escoger to choose

esconder to hide

escopeta gun

escudo shield

esculpido carved

escurrir to slide

espalda back

espaldar back of a chair

espanto fear

espasmo spasm

especie kind, type

espectáculo spectacle

espejismo mirage

espejo mirror

espejuelos glasses

espeso thick, dense; dirty; dull

espiritismo spiritualism

espontáneo spontaneous

esquina corner

establecer to establish

establo stable, lodging for horses

estanco monopoly

estaño tin

estanque (m) pool

estera straw

estéril sterile

estigma stigma, mark

estolidez stupidity

estorbar to get in the way; to impede; **estorbo** obstacle

estornudar to sneeze

estragos damages

estrella star

estremecedor loud, earthshaking; **estremecimiento** shiver; shudder

estribo stirrup; **perder los estribos** to lose one's grip, to lose control

estropajo scrubbing brush

estruendo loud noise

estruendo loud noise

estuario inlet

estuche box; chest

etílico alcoholic

evocar to evoke, to bring to mind

excusado toilet

exhibir to show or exhibit

exigir to demand

eximir to excuse from a duty

expediente case, legal procedure

expendio stall, booth

expiar to atone for

expuesto exposed

extraño strange; stranger

extraviado unfrequented; deserted; misguided

extremo end of an object or an area; extreme

F

fábrica factory

fabricar to make

fachada façade, front of a building

fado kind of popular portuguese song

fajar to wrap

fantasma ghost

farol lantern; street light

fastos pomp, showiness

fatalidad fate, destiny

fatuo foolish, conceited

felicitar to congratulate

fianza bail

fiebre (f) fever

fiero strong

fijado fixed, set

fijarse en to notice

fingir to pretend

flaqueza weakness; defect

flecha arrow

florecer to bloom, to flower

foco bulb

fogaje (m) flame

fogón (m) kitchen range; fire

folletín (m) cheap novel

fonda food stand

fondo back, rear; deep part, heart

forastero stranger; foreigner

fronda large leaf; foliage

frontera border, frontier

fronterizo pertaining to the frontier

fuegos fatuos firey glow seen over a cemetery

fugar to flee; fuga flight, act of fleeing; fugaz rapid, fleeting

fulgor (m) brilliance

funda pillow case

fundado founded

fundir to melt; to ruin

fúnebre funereal, gloomy

funesto mournful, sad; regrettable

furtivo furtive, sneaky; secret

G

galán young man

galeón galleon, ship

gallina hen

gallinazos vultures

gallo rooster

ganado herd of animals

ganas desire

garra claw

garza crane

gasa gauze

gaveta drawer

gavilán sparrow hawk

gavilla bundle

gemelo twin

gestar to gestate
girar to spin; **giratorio** revolving
glándula gland
golondrina swallow (bird)
gordolobo de vaporino cheap
   alcohol
gota drop of liquid
gótico Gothic
gozo joy, pleasure
grabado etched
granizada hail
grueso thick, heavy
guante glove
guardar to keep; to save; to guard
guarnecido decorated
guarnición garnish
guayabo hangover
guerra war
guirnalda garland
guiso stew

H

hábito nun's habit
halcón falcon, hawk
haz beam
hebilla buckle
hechizar to bewitch
helado icy
helecho fern
heredar to inherit
herida wound
hervido boiled
hierro iron; tool
hígado liver
higuerón (m) large tree
hilo thread; linen
hipertrofia hypertrophy,
   overdevelopment
hoja blade; leaf

hombro shoulder
hornilla oven
huacal box, crate
huele smells; from **oler (hue)** to
   smell
huella footprint
huérfano orphan
humeante steaming
hundir to sink

I

idólatra idol worshiper
impartir to give, impart
impávido calm, impassive
impedir (i) to prevent
imperioso imperious; reflecting a
   sense of authority
imponer to impose
impreso imprinted
imprevisto unforseen
impuesto imposed
imputar to impute, to attribute
inadvertido unnoticed
incapaz unable, incapable
incendiar to burn up; **incendio** fire
inclemente harsh, cruel
inconcebible unbelievable
incorporarse to sit up; to get up
incurrir en to lapse into
indagación investigation
indeseable undesirable
indicio indication, clue
indignado indignant, offended
indigno ashamed; unworthy
índole character
ineludible unavoidable
inerme defenseless
infausto unlucky
ínfimo insignificant

ínfimo insignificant
informe report, information
ínfulas airs; pretensions
infundado unfounded, untrue
infundio lie, falsehood
ingeniero engineer
ingenioso able, capable
ingles groin
ingrato disagreeable
ingresar to enter
injuria insult
inquietar to trouble, to bother
insignia sign
insomne insomniac
insoportable unbearable
intacto intact, untouched
intemperie bad weather
intentar to try to
intercostal between the ribs
interesar to affect
internarse to enter
intérprete (m,f) interpreter
intocable untouchable
intuir to intuit, to sense
inundarse to be flooded, inundated
inverosímil unlikely
irreparable unable to be fixed, damaged beyond repair
irrumpir to burst in

J

jactancia pride, boastfulness
jadear to pant
jarra pitcher
jaula cage
jinete horse rider
joder expletive, slang for sexual intercourse
jornada time, period of time

júbilo joy
juego matched set
juez judge
juicio judgement; wisdom
junto together
jurar to swear

L

laborioso hard working
lacra scar
ladrar to bark
ladrillo brick
lágrima tear
lánguido lacking in spirit or energy
lástima pity
lateral sideways; indirect
lavado washing solution, douche
lavar to wash; purify
lazo ribbon
leche milk
lechón suckling pig
legumbre vegetable
lelo foolish
leña fire wood
leontina chain
letrina latrine, toilet
leva recruitment
levita frock coat
liberar to free
libra pound
librar to free
lienzo linen
lino linen
lirismo lyricism
lívido pale
llanto weeping
llave (f) key
llorar to cry

llovizna drizzle
locura craziness; insanity
lodazal muck and mire
lograr to manage to; to achieve
lomo loin; back
lúcida lucid, clear thinking; **lucidez** lucidity, clarity of thought
lumbre (f) fire
luto mourning
luz light

M

macerado crushed, beaten
maceta flower pot
machota rough manner
macizo bouquet
madera wood
madrina de bodas maid of honor
madrina godmother
madrugada early morning
madurar to mature; **maduro** mature
maestranza mastery
magistrado judge, magistrate
maíz (m) corn
malestar uneasiness
maletita little suit case, carrying case
malograr to thwart, frustrate
mamar to nurse, drink mother's milk
mampostería masonry
manantial flow
manar to flow; to ooze
manchar to stain; **mancha** stain
mandar to command, to order
manga sleeve
manglar (m) confusion; mangrove swamp
manipulador telegraph key

manivela crank
manso gentle
manta blanket
mantequilla butter
mantilla lace shawl
marasmo inactivity, deadness
marco frame
marea tide
marica vulgar slang for homosexual
mariposa butterfly
masa mass
mascar to chew
masticar to chew
matar to kill; **matanza** killing; **matarife** slaughterer, killer
matón killer
mecedora rocking chair
mechón lock of hair
medalla medal
medida limit; measure; **a medida que** while, as
medio middle; **de por medio** in the balance
medrar to prosper; to make a living
mejilla cheek
mensaje message
mentir (ie) to lie
menudo small; light; **a menudo** often
merecer to deserve; to merit
mesón table
midiendo measuring (from **medir**)
miel (f) honey
mierda a vulgar word for shit
milagro miracle
mimbre (m) wicker
mirada glance
misa mass, religious service
misericordia mercy, compassion
modorra lethargy; drowsiness

mojar to get wet; to dampen
mojigato hypocritical; prudish
moler (ue) to grind
molestar to bother
monja nun
montar to ride a horse, horseback riding; to mount
montaraz wild, as in from the mountains
monte mountain
montuno wild, untamed; woodsy
morado purple
morder (ue) to bite
moribundo dying
mosca fly
mostrador counter
muchedumbre crowd
muda change (of clothing)
mudanza move, change in location
muebles furniture
muelle dock, pier
muladar garbage dump
multitud crowd
mundano worldly, sophisticated
muñeca wrist
muslo thigh
mustio withered; sad

N

nácar mother-of-pearl
nadador swimmer
naufragio shipwreck
navaja razor
negar (ie) to deny; to refuse
negocio business
nevado snowy
nevera freezer
nítido clear, neat
noticia news

novedades news
noviazgo engagement
novicia novice nun
novillero young bull fighter
nudo cifrado difficult problem

O

obispo bishop
ocultar to hide
ocuparse to busy oneself
odiar to hate; **odio** hatred
ojal (m) buttonhole
oliendo smelling; **olor** odor
olvidar to forget
oponerse to oppose
ordenanza orderly
ordenar to put in order
orfebre goldsmith
organza organdy
orilla shore or bank
orinar to urinate
ortofónica music box
oscuridad darkness
oscuro dark

P

pacífico peaceful
paladar (m) palate, roof of the mouth
palangana basin
palmada slap
pálpito throb
pandilla gang
paño thick cloth
panocha vulgar slang for female genitals

panóptico prison constructed so that the prisoners can be easily seen

pañuelo handkerchief

parafina wax

paraguas umbrella

pared (f) wall

parentesco kinship

párpado eyelid

parranda noisy party, big bash

párroco priest; pastor of a parish

partida match, game

partido potential spouse, "catch"

partir to split; to divide; **a partir de** starting from

pasada, de pasada in passing

pasmado stunned, numb

paso step; passage

pasta paste, binding of a book

pastel cake

pastoral rural and peaceful

pato duck

patria native land

patronal pertaining to a patron saint

patrulla patrol

pavo turkey

paz peace

pegar to hit

peligro danger

penacho crest

pendejo vulgar word for dope or jerk

pendiente hanging; waiting

penitencia penitence, remorse

pensión boarding house

penumbra shadows; darkness

penuria poverty

pepa seed

percance misfortune

perdiz partridge

perentorio urgent

perfidia scheme, trick

perjuicio injury; damage

permanecer to remain

permanganato disinfectant

pernicioso pernicious, evil

perplejo perplexed, puzzled; **perplejidad** perplexity

perseguir (i) to persue

perturbador provocative

pesadumbre grief

pésame condolence call

pesar to weigh

pesar, a pesar de in spite of

pescado fish

pescante running board

pesebrera stable

pestilencia stench

pestilente bad smelling

petardo fire works

pétreo petrified, stiff

piel (f) skin

pieza piece; part

pila battery

piltrafa shred

pinga vulgar slang for penis

pinzas clasp

piso floor or story of a building

pita cord

pito whistle

piyama pajama

placa license plate

planchar to iron

plañidera mourner

planta floor or story of a building

plantado standing there, stuck

plata silver; money

platanal banana plantation

plátano plantain

platón platter

plegado folded down
pleito fight
plenitud fullness
pleno full, complete
pliego sheet of paper
pocilga pigsty
pocillo cup
podrido rotten
político related by marriage
pollero chicken hunter
polvo dust, powder; **polvoriento** dusty
pomo handle
pontifical Pope-like; pertaining to the Pope; ceremonial dress
popa rear of the boat, stern
pordiosero beggar
pormenor detail
porquería vileness, baseness, indecency; garbage
porqueriza pigsty
portal doorway
portátil portable
portón gate
porvenir future
posdata P.S.
poste street light
posterior rear, back; later
postrado flattened, laid flat
póstumo posthumous, after death
potranca female horse
preceder to precede, to come before
precio price
precipicio cliff
precipitarse a to rush to
precisión detail
preciso necessary
predilecto favorite
predispuesto inclined, predisposed

prejuicio prejudice
premio prize; award
prenda possession
prendido attached; held
preocuparse to worry
presa prey
presagio presage, omen, sign
presenciar to witness
preso prisoner
prestancia grace of movement
prestar to lend; to pay; **prestar atención** to pay attention
pretil railing
prevenir to warn; to avoid
primor intricate work
prodigioso marvelous, extraordinary
prófugo escapee
profundo deep
prohibir to forbid
prolongar to last, to prolong
pronóstico prediction
propietario owner
proponer proposed
propósito purpose, reason; intention
prostituir to put into prostitution
providencial providential, opportune, fortunate
proyectil projectile; bullet
prueba proof
pudor shame
puerco pig; pork
puesto place setting
pulgada inch
pulir to polish
pulmón lung
pulsera bracelet
pulso wrist
puñetazo punch

puño y letra written by one's own hand

punto, a punto de about to

punzada stab wound

purgación purge, cleansing of the inside of the body

puta vulgar word for whore

Q

quedar to stay, remain

quejido moan

quimérico fantastic, dreamlike

quinta country house

R

rabia anger

racimo cluster, bunch

ración piece, portion

ráfaga burst; spurt; flash

raíz (f) root

rama branch

ramo bunch

raso satin

raspar to scratch, to scrape

rastras, a rastras dragging

rastro trace, track

rato while, short time

raya, a raya at bay, held off

razón reason; **dar razón** to inform about

rebatir to refute, to deny

rebato alarm

recado message; **recadero** messenger

rechoncho chubby

recíproco reciprocal, mutual; related

reclamar to reclaim

recluso prisoner

recobrar to recover

recoger to pick up; to gather up

recomponer to put back together, to reconstruct

recóndito secret, hidden

reconfortar to comfort, console

recordar (ue) to remember

recorrer to go over, to search

recostar (ue) to rest, lean back

recto straight

recuerdo memory

recurso effort, action, resource

red net; screen

redactar to write

reemplazar to replace

reflexionar to reflect, think about

refuerzo reinforcement

regar (ie) to pour out

regazo lap

registrar to write down

reguero stream; irrigation canal

reina queen

reintegrarse to rejoin

remanso backwater

rematar to finish off; top off

remate, de remate totally; hopelessly

remendar to put together

remordimiento remorse

rencor anger, rancor

rendirse (i) to give up; to surrender; to give in; **rendido** worn out; **rendición** surrender

renunciar to give up

repartir to share; to spread around, distribute

repente, de repente suddenly

reponerse to recover (from an illness)

reposo rest, repose

represalia reprisal, revenge

reprimir to hold in; repress

reprochar to reproach, to criticize

repuesto recovered

requerir (ie) to court, to woo

res (f) steer; cow

rescatar to save, to rescue

rescoldos remains, embers

resfriado ill with a cold

resolver (ue) to resolve

respirar to breathe

resplandor (m) light, shining

respuesta answer

restablecido recovered

restos remains

restregar to scrub

resuelto resolved, determined

reticencia shyness

retirar to pull back

retiro retirement; retreat

retrasar to slow down; **retraso** delay; lateness

retrato portrait

retrete (m) toilet

reventar (ie) to set off, explode

revés back again; in reverse; reversal; misfortune

revolver (ue) to stir

revuelo haste

reyerta fight

rezagado left behind

rezago left-over

rezongar to snort; to growl

riendo laughing (from **reír**)

rifa raffle; **rifar** to raffle; **rifera** raffler

rincón corner

riñón kidney

risa laughter

rizado curly; **rizo** curl

rodear to surround

rodilla knee

rogar (ue) to beg, plead

ronda round

ronzar to chew

ropero closet, wardrobe

rostro face

rudimentario rudimentary, basic, fundamental

rueda wheel, circle

ruido noise

rumbo course, route; on the way

S

sábalo shad

sábana bedsheet

sabio wise

saco jacket

sacudir to shake

sagrado sacred

salitre saltpeter

salpicar to splatter

salteado snatched

salto jump

salud health

saludar to greet; **saludo** greeting

salvar to save, to rescue

salvo except; safe

sanar to cure

sanear to sanitize

sangre (f) blood

sano healthy

santiguar to make the sign of the cross

saquear to ransack

sardinel (m) stoop (at the front of a house)

seda silk

sedal surgical thread

seducir to seduce

segar (ie) to dry up

segueta saw for cutting metal

semanal weekly

sembrado grove

sembrar (ie) to sow

semilla seed

señal sign, indication

señalar to indicate, to point out

séquito entourage, group of
  followers

serenata serenade

servicial useful

servidumbre servitude

servirse de (i) to make use of

sesgado quiet, tranquil

sienes temples, sides of the
  forehead

sigilo stealth, sneakiness; quietness;
  sigiloso quiet, sneaky, stealthy

silbato whistle; **silbo** whistle, call

sirvienta maid; servant

sobre (m) envelope

sobrellevar to carry; to bear, to
  endure

sobresalto surprise

sobrevivir to survive;
  sobreviviente survivor

socio partner

solapa lapel

soledad (f) solitude

soler (ue) to be in the habit of; to
  be used to

sollozar to weep

soltar (ue) to turn loose; to set free;
  to unleash; **suelto** free, loose

soltera single; spinster

sombra shadow

sonámbulo sleepwalker

sonda catheter, tube

sonreír to smile

soñar (ue) to dream

soñoliento sleepy

soplo breath

sopor lethargy; drowsiness

soportar to bear, tolerate

sorbo sip

sórdido dirty, seedy

sosiego calm, tranquility

sospechar to suspect; **sospecha**
  suspicion

sostener (ie) to hold up, support

sotana religious robe

suavidad softness

sudar to sweat; **sudor** sweat

suelto loose, free

sueño dream

sumario summary, report

superfluo superfluous, unnecessary

suplicar to plead

suponer to suppose

supuesto, por supuesto of course

surgir to spring from

suscitar to give rise to

suspirar to sigh

sustentar to sustain, uphold

susto fear, fright

T

tabla wood planks

tablado bandstand

tablón wooden plank

taburete stool

tacón heel, high heel

tajo cut, slash

talante (m) spirit, disposition;
  appearance

taller (m) workshop

tamaño size

tamarindo tamarind tree

tambo inn

tapado covered up

tazón large cup or mug

tejer to weave; to knit

témpano clot

tempranero early riser

tendido stretched out

tenebroso gloomy

teniente (m) lieutenant

teñir (i) to dye

tentación temptation

terciopelo velvet

terminante final, decisive

término term; end

ternera veal

ternero calf

ternura tenderness

terraza terrace

tibio warm

tientas touch, feeling

tierno gentle, tender

tierra earth

tinieblas shadows, darkness

tinta ink

tintero inkwell

tirantes suspenders

tirarse to throw oneself

toalla towel

tobillo ankle

tocar a fuego to sound the fire alarm

tolondro foolish

topa kind of bird

toque (m) knock

torcer (ue) to twist

tormentoso tormenting; tormenting one

torneado turned on a lathe

tornera doorkeeper

torre (f) fire

toser to cough

tragantada gulp

tragar to swallow

trago swig, drink

tranca bar, stick, deadbolt

trancado locked, bolted

trapear to mop; **trapero** mop

trapo rag

trasero back, rear

trasladar to transfer

traslucir to show through

trastocar to confuse, to switch around

trastornado disoriented, confused

trastos tools, utensils

través, a través de through

travesura mischief

trayecto path, route

trazo stroke of the pen

trepanación piercing, perforation

trigo wheat

trilla furrow

tripajo guts, innards

tripas guts, innards

triza shred

tropa troop

tropezar (ie) to trip, to stumble

tulipán (m) tulip

tumbar to knock down

tumbo tumble, fall

tumulto tumult, confusion

turbio cloudy, confused; **turbación** confusion

turca Turkish style, cross legged

U

último last; ultimate

urgencia urgency; emergency

utensilios tools, utensils

útil tool; useful

V

vaca cow
vacilación indecisiveness; hesitation
vacío empty
vainas matters; problems, difficulties; tricks
valse waltz
vano doorframe
vapor (m) steam
varón male
vecino neighbor
vejez old age
vejiga bladder
velar to keep vigil, watch over
veleidad whimsy, fickleness
velo veil
venda bandage
veneno poison
venganza vengeance
venta sale
ventilador fan
verbena fair, bazaar
veredicto verdict
verga vulgar slang for penis
vergonzoso shameful
vergüenza shame
verosímil likely
vestido dress; clothing
vidrio glass
vientre belly
vigilar to watch over, keep vigil
vilo, en vilo suspended in the air
vincular to link, to connect
vínculo link, tie; relation
vísceras guts, innards, viscera, inner organs
vislumbrar to glimpse
víspera eve; night before
vista sight; eyes

viudo widower
vivencia experience
víveres provisions, food
vocación vocation, inclination
voltear to toss around
voluntad will, volition
vuelta return; turn

Y

yeso plaster
yuca root vegetable
yugular jugular

Z

zozobra uneasiness